F. WEINREB: WIE SIE DEN ANFANG TRÄUMTEN

Brunnenhof-Reihe

Band 1

FRIEDRICH WEINREB

Wie sie den Anfang träumten

Überlieferungen vom Ursprung
des Menschen

ORIGO VERLAG BERN

INHALTSVERZEICHNIS

Chananels Träumen und Wirklichkeit gewidmet

VORWORT

Dieses Buch ist die Übersetzung eines Teiles einer in holländischer Sprache gehaltenen Vorlesungsreihe. Diese Vorlesungen fanden im Jahre 1969/70 statt. Die Übersetzung ist von Herrn Hermann Aeppli.

Das Thema der Vorlesungen war ein Versuch, Kabbalistische und andere alte Kommentare zur Genesis, nicht exegetisch auszuwerten, sondern sie zu erleben in der Art, wie diese frühen Kommentatoren sie wohl erlebt haben. Diese Kommentatoren waren nicht Wissenschaftler in unserem heutigen Sinne, sondern es waren mystische Wissenschaftler oder auch wissenschaftliche Mystiker. Das gibt es heute in der Welt der Wissenschaften kaum, oder vielleicht wohl überhaupt nicht mehr. Der Versuch war also auch, einen Kabbalistischen Kommentar zur Genesis aufzubauen, anhand reichhaltiger alter Quellen. Aber nicht einen Kommentar, um ihn dann wiederum modern-wissenschaftlich zu zerlegen, sondern um ihn ernst zu nehmen und ihn als einen Aspekt unseres Lebens zu erfahren. Die Chassidische Tradition ermöglichte nicht nur die Erhaltung dieser Quellen, sondern auch das immer wieder neue Erleben dieser Seite des menschlichen Seins. Denn Kommentare sind dort nicht, was sie heute im allgemeinen vorstellen. Kommentare sind dort ein neues Erleben, ein Inspiriertwerden durch den Text, den man als heilig, als jenseitig empfand. Und diese Kommentare wollen heiliges Wesen, jenseitige Freude, in diesseitige Form kleiden. Und damit entflammt das Diesseitige und führt wiederum ins Jenseitige. Dieser Weg zwischen Diesseits und Jenseits ist für den Menschen wie das Ein- und Ausatmen. Er ist das eigentliche Atmen des Menschen und zeigt ihm das ewige Leben. In diesem Sinne möchte dieses erste Buch einer Reihe dann auch erlebt werden.

Zürich, 22. Juni 1976   Friedrich Weinreb

WIE SIE DEN ANFANG TRÄUMTEN

Vom Träumen, von der Inspiration und von den Weisen

I

Woher stammt der Mensch? Wie kann er es wissen? Naturwissenschaften deuten auf einen faktisch unendlichen Weg von Entwicklungen hin. Er verliert sich irgendwo weit weg. Mythen erzählen von naturwissenschaftlich unmöglichen Tatsachen, und muten ebenfalls eher unheimlich an. Es hat vielleicht wenig Sinn, die Naturwissenschaften zu kritisieren, weil ihre Erfahrungen und Untersuchungen begrenzt sind. Es scheint von der Materie her bedingt, daß diese Grenzen existieren. Falsch wäre nur, wenn von naturwissenschaftlicher Seite eine Forderung auf Allgemeingültigkeit gestellt werden sollte. Eine solche Forderung wird aber kaum noch von ernsthaften und ehrlichen Untersuchern erhoben. Es ist aber ebenso sinnlos den Inhalt von Mythen zu kritisieren, weil sie nicht naturwissenschaftlichen Anforderungen entsprechen. Vielleicht sprechen Mythen eben von einer ganz anderen menschlichen Wirklichkeit als die Naturwissenschaften. Und kennt der Mensch nicht auch diese beiden Wirklichkeiten sogar in seinem Alltag? Er kennt die wachen Stunden, wo alles ihm klar vor Augen erscheint; er kann messen, wägen, zählen, und wenn er es richtig macht, stimmt alles auch für diesen Alltag. Er muß dort planen, berechnen, einrichten, er hat es mit einer unerbittlichen zeit-räumlichen Wirklichkeit zu tun. Der Mensch kennt aber genauso die Stunden des Schlafes, und es ist ihm klar, daß es während des Schlafes Träume geben kann. Es ist uns sogar selbstverständlich, daß man auch während der sogenannten wachen Stunden träumen kann, daß man Wunschträume kennt, Phantasien. Und gehören nicht Hoffnungen zu einem Grenzgebiet zwischen Wachen und Träumen?

Die Entdeckung der Welt der Natur hat die Aufmerksamkeit des Menschen stark auf den gesetzmäßigen Charakter der Erscheinungen in der Natur gelenkt. Und unglaublich vieles hat der Mensch erfahren durch diese Begegnung mit den Naturgesetzen. Er glaubte den Schlüssel zu allen Fragen und zu ihren Antworten in Händen zu haben. Und gerade dieser Schlüssel hat den Menschen auf ganz andere Gemächer seines Seins aufmerksam gemacht. In der Psychologie, zuerst aber schon in der Literatur und in der bildenden Kunst, in der Soziologie, aber auch auf verschiedenen anderen Gebieten, entdeckte der Mensch, daß er gar nicht *nur* dieses nach Gesetzen funktionierende Wesen war. Ungewißheiten, Unschärfe, Zufall, Einfall zeigten sich als gleich wichtige Elemente in der Welt der Erscheinungen. Die Gesetze haben tatsächlich Grenzen und jenseits der Gesetze öffnete sich eine ganz andere Welt.

Nicht nur hier zeigt sich eine Dualität im menschlichen Sein. Kennt der Mensch nicht auch das Einatmen und das Ausatmen? Kennt das Herz nicht ebenfalls dieses Ein und Aus? Und gibt es nicht Leben und Tod, Wachen und Schlafen, Berechnen und Träumen, Gut und Böse?

Während der Phase des Einatmens ist alles im Menschen auf diesen Vorgang gerichtet. So könnte man auch sagen, daß man während der Phase der Entdeckung der Naturgesetze allen Nachdruck auf das Wissen und auf die Technik legt, welche das Erforschen dieser Gesetze fördert. Man kann sogar sagen, daß man dann auch dazu geneigt ist, das dem Gesetz sich gerade Entziehende ebenfalls mit den Maßstäben der naturwissenschaftlichen Untersuchungen zu messen. Vielleicht gibt es doch auch dort Gesetzmäßigkeiten, aber man hatte diese bisher noch nicht entdeckt. Man kann diesen Eifer verstehen, sogar auch schätzen. Man soll sein Gebiet bis zu den letzten Grenzen untersuchen. Das ist schon eine Forderung der Wahrheit.

So hat man dann auch die Welt der Träume mit naturwissenschaftlichem Instrumentarium und mit naturwissenschaftlicher Denk-art untersucht und tatsächlich manch überaus Interessantes gefunden. Dennoch blieb der wirkliche Inhalt der Welt der Träume diesen Untersuchungen fern. Wie auch der naturwissenschaftlich ausgebildete Arzt Virchow einer Seele beim Sezieren noch nie begegnet war, wie auch Sputniks oder Apollos nie Engeln begegnen konnten. Raumfahrende Marsbewohner gehören dann auch zum Irrsinn einer ins Unmögliche vorstoßen wollenden von naturwissenschaftlichem Denken besessenen Laienhaftigkeit. Ein wissender Naturwissenschafter wird die Grenzen seines Bereiches früher oder später schon finden. Er wird gewiß merkwürdige Grenz-Phänomene feststellen, er wird aber gerade deshalb auch wissen, daß dort ein anderer Bereich anfängt.

Die Welt der Träume ist solch eine Welt jenseits der Grenzen der Naturwissenschaft. Das will nicht sagen, daß man naturwissenschaftlich manch wichtige Erscheinungen nicht doch ordnen, klassifizieren und interpretieren kann. Man wird aber dennoch entdecken, daß hier wohl sehr Merkwürdiges im Spiele ist. So wie man auch in der menschlichen Psyche manch überaus Merkwürdiges entdeckt hat. Gerade Psyche und Traum haben besondere Beziehungen zu einander. Und das besagt doch auch schon manches über die beiden menschlichen Wirklichkeiten im menschlichen Sein.

Nach der Phase des Einatmens kommt die des Ausatmens; nach dem Zeitalter der naturwissenschaftlichen Untersuchungen kommt das der Begegnung mit der Welt der Träume. Ohne dies zu beabsichtigen, einfach nur aus ehrlichem wissenschaftlichen Wahrheitssuchen, kam Freud zu seiner Traumdeutung, noch ganz gelenkt von biologischen Erkenntnissen. Und dennoch, er öffnete ein Tor. Und C. G. Jung öffnete es von einer anderen Seite her. Sie prallten ein wenig auf einander, aber dennoch, von beiden Seiten her war eine neue Welt, freilich noch nur in ihren Grenzgebieten, entdeckt. Von ganz anderem Gebiete her, stieß ein Edgar Dacqué in diese Welt hinein. Es waren ehrliche, seriöse Sucher, Sucher mit einer Sehnsucht. Man könnte sagen, dort waren die ersten Anzeichen für einen Übergang vom Einatmen zum Ausatmen; oder anders herum, je nachdem man will. Man kann auch sagen, daß der menschliche Fortschritt auf seinem Weg ins Paradies — was man auch darunter verstehen möchte, jede Hoffnung ist aber Wegweiser auf einem Weg — nachdem er mit dem linken Bein einen Schritt gemacht hat, jetzt das linke ruhen läßt, und das rechte hebt.

Das will nicht sagen, daß man nun nicht mehr seriös die Fragen des Lebens angehen müßte, weil man es vorher gerade seriös gemacht hätte. Es will nur sagen, daß sich jetzt beim Menschen seine andere Seite auch meldet und berücksichtigt werden möchte. So wie der Mensch am Tage wach ist und nachts träumt, und es doch derselbe Mensch ist, so kann man nicht erwarten, daß wenn eine Seite am Zuge ist, die andere plötzlich nicht mehr existiert. Der Mensch hat zu allen Zeiten geträumt, und in allen Zeiten hat er auch gedacht, berechnet, geplant. Nur gibt es Zeiten, wo das Eine oder das Andere mehr oder weniger berücksichtigt wird. Und man kann wohl sagen, daß in den Zeiten der großen naturwissenschaftlichen Erfolge, die Seite des menschlichen Träumens entweder vernächlässigt wurde, oder ihr ziemlich einseitig naturwissenschaftlich begegnet wurde. Jedenfalls war das Träumen etwas nicht ganz Salonfähiges, es passte nicht richtig in das naturwissenschaftliche Konzept hinein. Man nahm es als Tatsache hin, man versuchte sogar Gesetzmäßigkeiten in diesem Träumen zu entdecken, aber einen Platz im naturwissenschaftlichen Weltbild erhielt es kaum.

Das bedeutet, daß man dem Träumen nicht gerecht wird, wenn man Zeiten begegnet, in denen der Mensch nicht so naturwissenschaftlich ausgerichtet war oder ist. So verhält es sich nun, wenn man von Mythen hört oder von alten Überlieferungen. Man fängt dann nämlich gleich an, diese an der Art und Weise des naturwissenschaftlichen Untersuchens zu messen und zu vergleichen. Man glaubt, daß diese Mythen-Erzähler und diese Lehrer der Überlieferungen nach der Art der Quellenforschung studierten und so ihre Anschauungen und Mitteilungen konzipierten. Man stellt sie sich gerne vor, gebeugt über Folianten, besser noch, über Rollen oder Tontafeln. Das paßt nun einmal in das Bild des wissenschaftlichen Forschers. Oder, man nimmt an, wenn man anders geartet ist, daß diese Lehrer irrgendwelche magische Kräfte beherrschten, und so Einsicht gewannen in die Geheimnisse der Welt. Wobei man natürlich gleichzeitig überzeugt ist, daß all diese Einsicht, verglichen mit den heutigen wissenschaftlichen Errungenschaften eindeutig kümmerlich gewesen sein muß. Und das war sie, mit den heutigen Maßstäben gemessen, dann auch ganz gewiss. Ferner nimmt man, wiederum vom heutigen Weltbild und von der heutigen Gesellschaftsstruktur ausgehend an, daß gewisse Priesterkasten, wie man sie dann, bereits abschätzig, nennt, die Unwissenheit und Ängstlichkeit der Massen benutzend, sich durch Geheimnistuerei eine starke Machtsposition aufbauten, und die Masse mit raffinierten Lügen und Androhungen mit Höllen und Unterwelten weiterhin ausbeuteten. Man muß wohl sagen, daß diese Forscher mit diesen Schlußfolgerungen nur zeigen, daß sie selber durch ihre

14

einseitige Forschungsart alle Phantasie verloren haben, und nicht einmal bemerken, daß sie ihre eigenen Praktiken auf jene Mythen-Erzähler projizieren. Womit nicht gesagt werden will, daß es nicht immer, wie heute, Lügner, Ausbeuter, unehrliche Politiker, gegeben hat. Und manchmal sind sie sogar für einige Zeit mächtig und bestimmend. Aber dennoch wird das Bild von den wissenschaftlichen Forschern, von den Künstlern, Politikern u.s.w. nicht von ihnen bestimmt; heute nicht, und wohl auch früher nicht. Grausamkeit, Gemeinheit, Niedertracht, waren immer wohl Geheimnisse, wie auch das Leid der Kreatur ein Geheimnis war und ist. Aber gerade auf diesen Urgrund des Geheimnisses, nämlich, daß es überhaupt Geheimnisse, Leid, Tod, Unrecht gibt, baute sich immer wieder das allergrößte und schönste Menschliche, bauten sich Kulturen, wurde geschafft und wurde geträumt.

II

Wo aber kommen die unzähligen Mythen in allen Kulturen und in allen Völkern der Welt nun her? Von wo stammen die Überlieferungen? Allein das Judentum hat einen unübersehbaren Schatz an solchen Überlieferungen. Sie waren und sind ganz bestimmt nicht Mitteilungen, welche in das naturwissenschaftlich gebaute Weltbild passen. Sie erzählen zu viele vollkommen unmögliche Fakten, — und sollten diese Erzähler und ihre Zuhörer das nicht auch schon gewußt haben? —, sie widersprechen sich, sie geben ruhig mehrere, einander ausschließende Erklärungen, und *dennoch* leben sie schon Jahrtausende, werden erzählt, weiter erzählt, werden erlebt. Und noch merkwürdiger: sie kennen kaum Änderungen, sie bleiben durch die Jahrtausende gleich, und durch alle Kulturen hindurch, wo sie sich auch auf der Welt befunden haben, gibt es die gleichen Typen in diesen Mythen, in diesen Überlieferungen. So sehr gleich, daß auch die Psychologie in ihrer Traumdeutung auf diese merkwürdigen Typen stieß und man hie und da sogar von Ur-Typen spricht.

Denn es ist wohl wiederum merkwürdig, daß Vieles von diesen Mythen und Überlieferungen zur Traumwelt des Menschen gehört. Wäre es dann nicht angebracht, die Herkunft dieser Erzählungen in den Regionen des Traumes zu suchen?

Selber erzählt das Judentum, daß seine ganze Überlieferung „vom Sinai" stammt, daß Moses von Gott, während der vierzig Tage und vierzig Nächte, in denen er nicht aß, noch trank, noch schlief, alles erzählt und erklärt bekam. Dies ist schon an sich eine ganz unmögliche, wissenschaftlich-historisch unhaltbare Mitteilung. Die ganz gescheiten modernen jüdischen Forscher, denen solche Geschichten ziemlich peinlich sind, forschten natürlich wiederum auf naturwissenschaftliche Art, das heißt, über Archaeologie, Geologie, Psychologie, u.s.w., und für sie ist Moses, wenn er geschichtlich nachweisbar wäre, ein ebenso ganz gescheiter Gesetzgeber, Politiker, und Nomaden und Sklaven zu einer Nation umschmiedendes Genie gewesen.

Man kann es sich tatsächlich nicht vorstellen, diese ganze Geschichte vom Sinai und von diesen vierzig Tagen und Nächten. Man kann sich eigentlich nichts von all dem vorstellen, was die Bibel schon erzählt. Und überhaupt nicht mehr, wenn man die Überlieferungen mit einbezieht. Gewiß, gewisse Namen von Orten, von Landstrichen, sogar von Personen, kann man sich vorstellen, aber alles andere — und dieses Andere ist gerade das Wichtigste in all diesen Geschichten — all das muß man als Phantasie, als Volks-Betrug oder dergleichen ablehnen. Was dann auch geschieht!

Es ist eigentlich wie bei einem Traum. Gewiß, Strassen gibt es, Häuser auch, Menschen ebenfalls, so wie Tiere und Gegenstände; aber der Inhalt der Träume, das was in diesen Straßen, Häusern usw. geschieht, das ist doch eben nur der Traum. Aber es ist gerade ganz genau der Traum, der zählt, und nicht die Häuser, Straßen, Menschen, Tiere. Die gibt es sowieso; das ganze spezielle Traumgeschehen aber ist einmalig, und gehört zum Wesentlichen dieses Traumes.

So gibt es ganz bestimmt einen Berg, der Sinai genannt wird, man kann sich auch einen Mann Moses vorstellen, auch das etwas vierzig Tage gedauert hat. Aber Gott? Ist das nicht wissenschaftlich ein subjektives Erlebnis? Und während vierzig Tagen reden, von solch einem subjektiven Erlebnis, nicht schlafen, nicht essen, weder trinken, das gehört dann schon zum wissenschaftlich Unhaltbaren. Und daß der Moses dies alles wort-wörtlich behält, wie erzählt wird, und es so, genau so, weitergibt, und daß dies durch viele Generatio-

17

nen hindurch genau so geschieht, das ist wiederum nicht gerade glaubhaft.

Und weil das so nicht glaubhaft ist, und noch viel mehr derartige Geschichten noch viel Unglaubhafteres erzählen, will man sich retten, indem man Weise mit ihren Rollen und geheimnisvollen Tafeln einführt, welche das korrekt und exakt aufbewahrt haben. Gelehrte, Studien-typen, welche das ganze Gebäude während Jahrhunderten aufbauten, dieses Gebäude der dann „fromm" genannten Geschichten, wodurch dann auch das praktische Resultat erzielt wurde, daß man damit das Volk zusammen behielt, und dazu noch ruhig, untertänig, usw. Und da man heute andere, modernere Mittel hat, ein Volk zusammenzuhalten, werden diese Geschichten höchstens als Beweis angeführt, daß man schon längst dort gewohnt hat, also politische Rechte hat; oder sie zeigen, daß man *auch* Mythen, Sagen und Legenden hat, welche man von oben herab untersuchen, beurteilen, datieren und sonstige Exegesen mit ihnen betreiben kann.

III

Im Judentum heißt es, daß die Bibel durch den „Ruach ha-kodesch" Moses und den Propheten gegeben wird. Ruach ha-kodesch bedeutet übersetzt „der heilige Geist". Und das ist doch auch dem Christentum ein geläufiger Begriff.

Ein Wort lateinischer Herkunft für Geist, Spiritus, hat uns den Begriff „inspiriert" auch schon gewohnt gemacht. Inspiriert will sagen, es kommt einem ohne daß es direkt aus seiner Denkwelt stammt. Mit dem Denken kann man etwas, auch einen Gedanken, aufbauen, formen, umformen. Denken ist im Hebräischen identisch mit dem Wort für rechnen. Rechnen ist etwas aus der Wirklichkeit des Zeit-Räumlichen, es hat als Vorbedingung die naturgesetzliche Ordnung von Zeit und Raum. Das Gleiche gilt für das Denken. Inspiration aber hat eine weitere Dimension; Inspiration benutzt auch schon Ordnung, — wie z.B. daß es einen Berg Sinai gibt und einen Mann Moses, und daß man Tage zählen kann—, aber Inspiration kennt noch etwas ganz anderes. Sie kennt den Einfall, den Zufall, sie kennt die Phantasie, das Unmögliche, sie stellt manchmal die Zeit auf den Kopf. Wenn die Bibel vom heiligen Geist stammt, ist natürlich all dies Unmögliche zu erwarten; unmöglich natürlich im naturwissenschaftlichen Sinne. Ganz normal aber vielleicht im Sinne der Regionen des heiligen Geistes.

Heilig bedeutet sowohl das Ganze, das Heile, als auch das Besondere, das ganz-anders-Artige, das Jenseitige. Der heilige Geist ist also eine Quelle, welche ganz anders geartet ist als die Quelle, welche man zeit-räumlich kennt. Aber auch noch ganz anders geartet als sonstige Inspiration. Es will sagen, daß eine Inspiration gemeint wird, welche selber nicht fraglich ist, welche nicht zweifelhaft ist, welche alles umschließt, welche vollständig, klar, gewiss, ist.

Man gibt also schon selber an, daß man nicht ge-schichtlich datiert werden möchte nach der Art der naturwissenschaftlich messbaren Zeit. Man will auch nicht lokalisiert werden nach naturwissenschaftlich be-stimmbaren geographischen Begriffen. Man will eigent-lich überhaupt nicht naturwissenschaftlich untersucht werden. Man ist wohl genau so zufrieden wie die Seele, welche von Virchov beim Sezieren nicht gefunden wur-de, wenn man ebenfalls beim Sezieren in geschichtlichen und geographischen Teilen nicht gefunden wird. Kann man *beweisen,* daß der Traum auch zeit-räumlich wahr war? Keiner würde das verlangen, man würde es sogar als törichtes Unternehmen ablehnen.

Kommt nun nicht der Traum aus dem gleichen Reich wie die Inspiration? Einen Traum kann man ebenso wenig planen; man kann sich nicht vornehmen, dieses oder jenes zu träumen, sogar nicht schön oder ängstlich zu träumen. Man weiß sogar nicht, ob man überhaupt träumen wird. Und man weiß oft ebenfalls nicht, ob man geträumt hat, und es könnte sein, daß der Schlaf voller Träume war, jedoch hat man nichts von ihnen in das Erwachen mitgenommen.

Das Träumen hängt gewiss auch zusammen mit der Art des Lebens und Erlebens des Träumenden, es hat Beziehung zu seinem Dasein. So sagt man auch von der Inspiration, sie hänge zusammen mit der Lebens- und Daseinsart des Betreffenden. Nicht unsere Anstrengung, nicht unsere Leistung, nicht unser Zwang, unser Brav-sein-wollen bestimmen Traum oder Inspiration. Es ist vielmehr die genauso unaufspürbare, wissenschaftlich nicht messbare Art unseres Daseins, welche sowohl

Traum wie Inspiration zustande kommen läßt. Nicht unsere Maßstäbe über Moral oder Ethik des Betreffenden gelten dann. Ganz andere, eben auch solche aus dieser anderen Dimension des menschlichen Seins, bestimmen hier mit, und machen so das Bild naturwissenschaftlich unscharf, sich den Gesetzmäßigkeiten in großem Masse entziehend.

IV

Inspiration ist Tatsache. Unterschiedlich ist nur die Person, welche die Inspiration erhält. Das Gleiche gilt doch auch für den Traum. Praktisch jeder träumt; und doch unterscheidet man die Art der Träume bei Kranken und Gesunden, bei seelisch Gestörten, bei Glücklichen, bei Zwangsnaturen und bei Ausgeglichenen. Das ist wohl der Grund, weshalb man in andern Zeiten als in den durch naturwissenschaftliche Schau bestimmten, den Weisen erkannte an der Art seines Daseins. Nicht, daß man seine Weisheit irgendwie messen könnte. Dort eben ist es mit dem Messen nicht mehr so einfach. Aber man erkennt dort den Weisen an seiner Art, wie er der Welt gegenüber steht.

So gibt es in der jüdischen Überlieferung eine interessante Beschreibung der dem Weisen gestellten Anforderungen. Der Weise solle alle siebzig Sprachen beherrschen, alle siebzig Wissenschaften, man erwarte durch seine simple Anwesenheit einfach auch Wunder.

Naturwissenschaftlich gesehen, würde es bedeuten, daß diese armen Weisen Sprachwunder wären, ein foto-

21

graphisches Gedächtnis hätten, enzyclopädisches Wissen, noch viel mehr, daß sie sowohl auf technischem, wie auf geisteswissenschaftlichem Gebiete überall Experte wären; kurzum, etwas faktisch Unmögliches. Unser Wundern nimmt noch zu, wenn wir lesen, daß es auch siebzig Weise gibt, so wie es siebzig Völker nach der biblischen Auffassung gibt und die Söhne Jakobs bei ihrem Einzug in Ägypten auch siebzig an der Zahl sind. Das macht uns vielleicht schon etwas wanken bei der Mitteilung von den Anforderungen an die Weisen.

Die Zahl siebzig ist aber in dieser Welt der Inspiration und also auch der Träume, ebenso wie die Zahl vierzig, der wir schon begegnet sind, nicht eine naturwissenschaftlich empfundene Zahl. In dieser Welt der anderen menschlichen Wirklichkeit im menschlichen Sein, haben Zahlen ein viel umfassenderes Sein. Siebzig bedeutet dort die Entfaltung in der räumlichen Vielheit, so wie vierzig die Entfaltung in der zeitlichen Vielheit ist. Deshalb heißt es, wenn Zeit ausgedrückt wird, fast immer vierzig. Man denke an die vierzig Tage am Sinai, an die vierzig Jahre in der Wüste, an die so vielen Stellen, wo die vierzig genannt wird. Und der eine Mensch teilt sich, sobald es eine Teilung in Vielheit gibt, in siebzig Teilen, in siebzig Gruppen. So wie Gott aus sich die Schöpfung ausgehen läßt, und sie in sieben „Tagen" teilt, so wie der Regenbogen, den Gott dem Noach zeigt, das Licht in sieben Teile teilt, so bezeugt dieses Sein in den Sieben die ursprüngliche Einheit, welche jetzt eine jenseitige Einheit wird. So bringen die sieben Farben des Spektrums doch auch jenseits wiederum die eine weisse Farbe zustande, so wie sie aus dieser einen weißen Farbe hervorkommen. Die siebzig ist diese Siebenheit im Zehnfachen der Schöpfung, wie sie, nach der alten jüdischen Überlieferung, durch die zehn Schöpfungsworte zustande kommt. Die zehn ist damit überhaupt das Instrument, womit wir rechnen, und somit denken können.

Wenn ein Weiser nun die siebzig Sprachen und die siebzig — das heißt also *alle* — Wissenschaften beherrschen soll, dann ist hier nicht das nutzlose, sinnlose enzyklopaedische Wissen gemeint. Ein moderner Computer wäre theoretisch im Stande das Gleiche zu bewältigen. Man spürt das Sinnlose in dieser Forderung, wenn man sie modern-wissenschaftlich ausdeuten möchte. Wohl aber wird hier erwartet, daß der Weise die Quelle im Jenseitigen jedes Menschen bei sich selber erfährt, und daß er von dieser Quelle her die Entfaltung in ihrem Sinne nach allen Seiten hin überschaut.

Aus dem Garten Eden zieht ein Fluss hinaus, erzählt die Bibel, und dieser Fluss teilt sich in vier Teile. Das ist bereits ein Zeichen der Vierheit, welche sich dann, in einem weiteren Medium, in die vierzig des von Zeit Gemessenen teilt. Das Ur-Licht der Schöpfung teilt sich, nach kabbalistischer Deutung, in das Licht der sieben Tage der Schöpfung, und selber wird es im Innern, wie das Mark im Knochen, verborgen. Der Weise nun ist an der Quelle, dort wo das Ur-Licht der Schöpfung strahlt; er ist im Paradies, dort wo der *eine* Strom ist, der sich beim Auszug aus dem Paradies in vier Ströme teilt. Dieses Ur-Licht, dieses im Paradies Hausen, ist in jedem Menschen, in seiner andern nicht-zeit-räumlichen Wirklichkeit seines Seins, anwesend. Dem Weisen aber ist sie

23

zugänglich; er kennt den Weg zum Ur-Licht, ihm ist der Weg ins Paradies bekannt.

Wiederum wittere ich die Gefahr des Mißverständnisses. Denn der Weise erhält diesen Weg nicht durch Studium, auch nicht durch Übungen, weder durch Fasten und Kasteiung, noch durch Meditieren. Sie kommt ihm überraschend, wie ein Geschenk. Sie ist wohl Lohn seines Lebens, aber ein Lohn von der anderen Seite her kommend; man kann *diesen* Lohn auch wohl Gnade nennen. Lohn könnte mathematisch berechnet werden, kann geplant werden; Lohn ist die Erwartung des Heuchlers. Gnade heißt der Lohn aus dem menschlichen Dasein. Diese Art Lohn empfängt derjenige, der der Überraschung gegenüber noch offenständig ist.

Jede Übung aber, jedes Studium, jedes Meditieren, jedes Fasten, enthält die Gefahr der Absicht. Der Kontakt mit der andern Wirklichkeit im menschlichen Sein steht aber im Zeichen des ,,Umsonst''. Man ist bereit sich *ganz* hinzugeben, ohne jedwelche Rücksicht. Weil man spürt, daß nur so eine Beziehung zwischen zwei Wirklichkeiten zustande kommen kann. Die Überlieferung sagt, Gott bringt die Schöpfung genau so ohne Absicht zustande, einfach zur Freude des Erschaffenen; und er wartet gerade deshalb auf die Überraschung von der anderen Seite her, auf das Suchen einer Beziehung durch die Welt. So entsteht, und nur so, eine Beziehung zwischen zwei Menschen. Es ist das Zeichen, daß sich bis überallhin ausbreitet. Es ist die Quelle der menschlichen Freiheit, es ist die andere Seite des Gesetzes. Freiheit steht gegenüber Gesetz, Inspiration deshalb gegenüber Studium.

Wenn ein Weiser studiert, dann führt die Inspiration ihn. Im jüdischen Bereich sagt man: der Ruach hakodesch, der „heilige Geist" lenkt ihn dann. Jedes Detail seines Studiums wird in die andere Welt hinüber getragen, erfährt und erlebt dort das Sein an der Quelle, und kehrt erst dann wieder in diese Welt zurück. Das ist dann gleichbedeutend mit dem Beherrschen der siebzig Sprachen und der siebzig Wissenschaften. Denn dort, auf der andern Seite des menschlichen Seins, auf der Inspiration- und Traumseite, ist die Quelle aller Ausdrucksmöglichkeiten und die Quelle aller Darstellungsarten. Dieser Weise braucht nicht die vielen Sprachen; er ist an der Seite, auf der bei den Farben das Weisse ist und beim Sprechen das Schweigen. Dieses Dasein erwirkt auch Wunder. Das Gesetzmäßige wird von dorther, ohne jegliches weiteres Zutun des Weisen, wenn nötig aufgehoben, ausser Wirkung gesetzt.

V

So träumt es dem Weisen, es inspiriert sich ihm. Und der Weise ist nicht der sich dem Leben und der Gesellschaft nicht-engagierende Wissenschafter, ist nicht der im Elfenbeinturm verweilende Gelehrte, nicht der seinen Status und seine Titulatur ausstrahlende Akademiker. Er ist nicht der sogenannte Schriftgelehrte, so wenig er auch dieser sogenannte Pharisäer ist. Er ist der Mensch aus dem Jenseits, der ganz selbstverständlich und einfach im Diesseits lebt. Und er weiß das gar nicht, da er überhaupt keine andere Daseinsart mehr kennt.

Dem Träumenden kommt der Traum, dem Weisen kommt die Inspiration. Der Weise im hebräischen Wortlaut, der Chacham, ist nach der ersten Sephira benannt, die Sephira der Chochmah. Die Chochmah ist wie das Ur-Licht, die Chochmah ist wie der mathematische Punkt, welcher als erstes Zeichen der kommenden Schöpfung erscheint; unermesslich und unmessbar, aber dennoch Ausgangspunkt. So wie der erste hebräische Konsonant lautlos ist, und sogar einen überhaupt imaginären Konsonanten zur Grundlage hat. Die Aleph, das erste Zeichen, Ausdruck im Erscheinenden des geheimnisvollen Tierkreiszeichens des Stieres, hat das Zeichen des Lammes, des Widders, zur Grundlage. Der Weise hat *dort* seine Lehrschule, man nennt ihn im hebräischen Talmid Chacham, das heißt „Schüler" der Weisheit, Schüler eben dieses unmessbaren ersten Punktes, dieses ersten, nicht faßbaren Zeichens des kommenden Weges, des Weges, welcher zur Einswerdung von Himmel und Erde führt, so wie er auch die beiden Wirklichkeiten des menschlichen Seins vereint.

Dem Weisen kommt die Inspiration wie der Dieb in der Nacht. Überraschend, unversehens. Ja, auch wie ein merkwürdig erfreulicher Traum, den man staunend erfährt. Aber ganz gewiss ist, daß es wirklich so ist, daß der Traum eine Landschaft zeigt, welche man ganz genau wieder-erkennt.

Von dorther erfährt der Weise, wer er ist, woher er kommt. Von dorther erfährt er die Herkunft des Menschen. Die Erinnerung der Menschheit steht klar und leuchtend vor ihm. Und staunend, voller Freude, erzählt er seinen Traum. Er hört, während er erzählt seine

Stimme von jenseits ertönen, und hört diesseits dieser eigenen Stimme zu. So vereint er auch hier beide Seiten des menschlichen Seins.

Deshalb sagt man, der Weise erhalte seine Mitteilungen direkt von „Moses vom Sinai", das heißt, er trinkt von der Brust des Himmels, er ist mit dort, wo die „vierzig" voll ist von Gottes Wort, wo Gott sich im Worte offenbart. Gott, in seiner Einheit im Zwischen des Paradoxons. Es ist das fortwährende Pfingstgeschehen, das fortwährende Leben im achten Tag, in der Wirklichkeit, wo Zukunft schon alle Hoffnungen und Erwartungen erfüllt hat.

Dieser Weise studiert nicht emsig alle Schriften, um Wissen zu mehren. Dieses Studieren wäre aus der Welt des Gesetzmässigen. Es wäre die mühsame Arbeit des Menschen, seine Fron, welche doch nur Dornen und Disteln hervorzubringen imstande wäre. Diese Art Studium gehört zum Wege nach dem Nehmen von der Frucht vom Baume der Erkenntnis, nach dem Gespräch, dem intimen Gespräch mit der Schlange. Dieser Weise aber lebt schon in der Welt, wo alle Schriften ihren Ursprung haben, erkennt ihrer aller Quelle. Und dennoch freut er sich im Studium, weil er in jedem Satz wiederum diese Quelle erkennt. Diese Art Studium heißt deshalb eine heilige Handlung, sie trägt die Weihe der Einswerdung beider Seiten des menschlichen Seins. Es ist sogar gut, und es ist daher eine menschliche Sehnsucht, sich auch in dieses Studium zu vertiefen, weil es im Fächer des Spektrums alle Farben leuchtend aufweist.

Das ist der Grund, warum diese alten Quellen immer

einen ganzen Fächer von Erzählungen über jedes Geschehen darbieten. Für den nur naturwissenschaftlich
Geschulten, sieht es dann aus, als ob eine Reihe einander ausschliesender Erklärungen mitgeteilt würden. Die
Erklärungen sind aber nichts anderes, als eine Erfüllung
der Schöpfung auf allen Ebenen, in allen Schichten. So
erfüllt sich das Ur-Licht doch auch in der Siebenfach-
heit der Schöpfungs- „Tage", so zeigt sich die Farben-
pracht wenn sich das weiße, das klare Licht an dieser
Welt bricht. Es ist gerade ein Zeichen der überirdischen
Wahrhaftigkeit, daß für jeden Fakt so oft so verschiedene, sogar gegensätzliche Mitteilungen, von immer andern Weisen, gemacht werden. „Diese und jene sind
Worte des lebendigen Gottes", heißt es dann. Der
lebendige Gott ist nicht uniform, seine Einheit ist etwas
ganz anderes als eine zeit-räumliche Eindeutigkeit. Es
ist eine Einheit vom Diesseits und dem Jenseits, es ist
eine Einheit beider Wirklichkeiten des menschlichen
Seins.

VI

Nur der Weise, man könnte, wie man jetzt den Weisen
vielleicht schon versteht, auch sagen, nur der Heilige,
erhält seine Inspiration von dieser jenseitigen menschlichen Wirklichkeit. Dort ist der Mensch immer mit Gott,
dort ist er mit Gott im Gespräch, dort erfährt er was
„Moses am Sinai" erfährt. Jede andere Mitteilung, —
denn jeder könnte doch behaupten, es sei ihm dies
inspiriert worden — zeigt ihre Dürftigkeit. Sie irrt

herum, weil sie keinen Ort in der Einswerdung finden kann. Hier selektieren und polarisieren sich die vielen Mitteilungen. Andere Weise erkennen schon, was aus der Welt der Wahrheit hervorkommt, und was Lüge und Verführung ist. Ein harter Mensch, auch wenn er ein Weiser genannt wird, *kann* einfach keine Inspiration vom ,,heiligen Geist" empfangen. Einer, der sich nicht völlig dem andern hingeben kann, der noch rechnet, der noch auf das, ,,was man sagt" hört, ist eben kein Weiser. Moses, der Empfänger der göttlichen Offenbarung heißt dann auch der ,,bescheidenste Mensch der Welt". Nicht, weil er sich dessen bewußt war; denn dann wäre er gerade nicht mehr der Bescheidene; der Bescheidene ist es nur, weil er es absichtslos und unbewußt ist. Es ist eine Haltung, ein Verhalten, und das wird vom Jenseits im menschlichen Sein gemessen. Er bemerkt es nicht, es funktioniert wie alles Wesentliche, auch im menschlichen Körper, von selber funktioniert. So geht sein Atem, so schlägt das Herz, so regelt sich auch die Verdauung. Es sind die gleichen Prozesse wie dieses Funktionieren im Jenseits des menschlichen Seins.

An der Begegnung mit den Worten der in Schriftzeichen fest-strukturierten Thorah, entzündet sich dieses Jenseits im Weisen, dessen Leben im Verhalten Ausdruck ist dieser fest- strukturierten Worte. Er tanzt in seinem Leben diese Worte, so wie sein Leben auch das Lied ist, gesungen nach den Motiven, Themen und Melodien dieser Worte. So entsteht nicht nur die Inspiration, so fließt sie auch zu einem gewaltigen Strom zusammen mit allen von der gleichen Quelle herkommenden Ströme von Inspiration, heute, früher und in

Zukunft. Dort, an der Quelle der Inspiration, dort wo der heilige Geist, wo der Ruach ha-kodesch waltet, hört die Ordnung des Vorher und Nachher auf. Dort tritt eine andere Ordnung hervor. Nicht mehr die zwingende gesetzmäßige Ordnung von Zeit und Raum, dort gilt die Ordnung des sich Hingebens, des Schenkens, des Platz Abtreten an den anderen, der Verzeihung, der Liebe, der Gnade. Alles Imponderabilien, und dennoch fest gewurzelt. Es ist die Ordnung der Befreiung, der Erlösung. Daß das Leben in der Welt der Zeit-Räumlichen Erscheinungsform überhaupt möglich ist, findet seinen Grund in dieser Ordnung der Freiheit. So wie das Körperliche eine Funktion des Geistigen und des Seelischen ist, so ist die Erscheinung im Zeit-Räumlichen eine Funktion dieser Ordnung der Imponderabilien. Studium, wissenschaftliche Untersuchungen, sind dann auch genauso Funktionen des menschlichen Verhaltens, wie es im Jenseitigen aus Erwägung aller Variabeln zustande kommt und sich dann wiederum im Diesseitigen, im Zeit-Räumlichen, im Messbaren also, zeigt. Deshalb ist es für dieses alte, dieses ewige menschliche Wissen so wichtig, *wer* studiert, und werden die Schlussfolgerungen und Errungenschaften dieses wissenschaftlichen Studiums am Verhalten dieser wissenschaftlichen Untersucher im Leben gemessen. Das Gescheite, das Geniale ist dann nicht entscheidend; sie könnten sogar im Wege stehen. Sie sind aber nicht ohne weiteres verdächtig. Im Gegenteil, der Weise ist durch seine Weisheit sehr wahrscheinlich auch gescheit und auch genial.

VII

Die Worte der Thorah heissen an sich schon heilig, weil sie im Erscheinenden Ausdruck, klarer, ungetrübter Ausdruck, des Jenseitigen sind. Ihr Inhalt ist jenseitig, das heißt also auch von der andern Seite des menschlichen Seins. Wer ihrem Inhalt einfach ins Diesseitige, in die zeit-räumliche Seite des menschlichen Seins zerrt, zeigt damit, daß ihm selber seine eigene andere Wirklichkeit fehlt, daß er von ihr getrennt ist, und daß er deshalb wohl irren muß. Er hat seine eigene Seins-Seite im Jenseitigen verloren. Der Irrende steht im Geheimnis der Zweiheit dem Findenden gegenüber. Dem Irrenden kommt die verwirrende Inspiration; man sagt im alten Wissen, unreine Geister, Daemonen, lenken seine Inspiration.

Inspiration an sich ist deshalb nicht schon gut und wahr, weil sie von der anderen Seite des menschlichen Seins hervorkommt. Der Berauschte, der Betrunkene hat auch seine Inspiration. Es ist gefährlich naiv, wenn man glaubt, sich durch eine gewisse Technik in eine Verfassung bringen lassen zu können, wodurch dann tatsächlich Inspirationen stattfinden. Man kann es als Gewissheit annehmen: Inspiration als Folge irgendwelcher Technik, jedenfalls ohne die Erfüllung der menschlichen Bedingungen an absichtslose, selbstverständliche Güte, Bescheidenheit, Demut, bringt eben diese unreinen Geister; ihre Mitteilungen gehören dem Bereiche des Bösen. Diese Waage im Jenseitigen des menschlichen Seins ist eine äußerst empfindliche.

Geist, Ruach, ist gut in seiner Einheit. Sobald er sich in Vielheit teilt, wird Gefahr gewittert. Die Mehrzahlform des hebräischen Wortes für Geist, Ruchoth, bedeutet auch ... Teufel. Gott aber heißt dennoch der Gott aller Geister. Der Mensch lasse aber, von diesem zeiträumlichen Diesseits heraus, diese Geister. Und er wisse, daß Inspiration an sich noch nichts besagt über ihre Herkunft.

Die Worte der Thorah können deshalb nicht der zeit-räumlichen Kausalität unterworfen werden. Denn dann fehlt doch eben diese andere, diese a-kausale Seite des menschlichen Seins. Inspiration aus und durch die Thorah bedingt ein reines, heiliges Sein. Thorah kann deshalb niemals allein wissenschaftlich studiert werden, ohne daß eben diese unreinen Geister, diese Daemonen und diese Teufel mitwirken. Thorah kann *auch* wissenschaftlich studiert werden, es ist dann sogar ein ganz faszinierendes Studium, wenn der Studierende in seinem Leben, und somit in seinen Ansichten und in seiner Sehnsucht, die Qualitäten des Weisen, des Heiligen, besitzt.

Dem Weisen träumt sich dann der Sinn des Lebens. Ein merkwürdiger, vielfältiger Traum. Ein Traum, der die Worte der Thorah als Leib mit seinem eigenen Leibe verbunden, zum Ausgangspunkt hat. Dieser Traum unterscheidet sich vom „normalen" vielleicht nur dadurch, daß man ihn prophetisch nennen könnte. Im Hebräischen heißt ein Prophet auch „Träumer", obwohl es noch andere Ausdrücke für den Begriff des Propheten gibt. Man nennt ihn dort auch Seher, und will damit sagen, daß er, der sein Lehrhaus im Jenseitigen hat, der seinem Meister im Jenseitigen begegnet und zu seinem Erstaunen entdeckt, daß dieser Meister und er eine Person sind im Jenseitigen, wie dort alles sich zu einer wunderbaren Einheit verbindet, daß er eben im Jenseitigen sieht, im Ur-Licht, im verborgenen Licht, und daß er deshalb hier im zeit-räumlichen Diesseits die Zusammenhänge im Spektrum der Vielfalt erkennt und seine große Freude daran hat. Das geläufigste Wort für Prophet, Nawie, beinhaltet, daß er eben die Botschaft, die Erzählung, die Erklärung, von seiner a-kausalen Seite, von seiner nicht-zeit-räumlichen Seite seines menschlichen Seins bringt. Und die vielen Erzählungen über den Anfang des menschlichen Seins tragen diese Prägung des prophetischen Traumes, der prophetischen Inspiration. Die Worte der Thorah haben sich mit dem menschlichen Leib verbunden, und ein anderer, ein neuer Mensch, entsteht. Dieser Mensch ist heilig, das heißt, sein Leben, sein Verhalten ist von der andern Welt her, von des Menschen anderer Wirklichkeit seines Seins her, gelenkt; was er erzählt stammt von dorther. So können wir uns mit dem beschäftigen, was *sie* vom Anfang träumten.

Wir erfahren einen Mythos, wir erfahren Worte aus einem menschlichen Jenseits. Sie muten zuerst sehr fremd an. Vielleicht leben wir zu einseitig im zeit-räumlichen, kausal so wunderbar geordneten Diesseits, in der Welt, in der die Naturwissenschaften unser Weltbild und unsere Weltgefühle zustande gebracht haben. Wir stehen dann auch einem Jenseits sehr fremd, genau so fremd, gegenüber. Deshalb ist alle menschliche Angst *diese* Angst. Man nennt, und empfindet sie praktisch immer als Todesangst. Das Sein, dieses einseitige Sein, wird deshalb zu einem Sein zum Tode.

VIII

Warum wollen wir dann nicht einige schüchterne erste Schritte wagen in diesen Bereich, wo etwas erzählt wird von unserem eigenen Jenseits. Wir werden uns an manchen Bildern vielleicht stossen, vielleicht aber heißt es, sich an sie gewöhnen. Könnte es nicht sein, daß man sich auch an Erlebnisse „nach" dem Tode, oder nach dem Sterben, gewöhnen müsste? Ist nicht schon das Sich-gewöhnen an unsere eigenen Traumbilder manchmal sehr schwer? Ich spreche dann nicht einmal von den Traumbildern anderer. Ist nicht anderseits gerade unsere Angst vor dem Tode ein Nicht-glauben-können, daß es doch noch eine andere Wirklichkeit in unserem Sein gibt als diese einzige zeit-räumliche, den Gesetzen der Kausalität unterworfene Wirklichkeit? Ist unsere Angst nicht eben ein Begriff, womit wir sagen möchten, daß wir nur diese zeit-räumliche Wirklichkeit anerkennen können, und zu gleicher Zeit als Gewißheit erfahren, als naturwissenschaftlich unumstoßbare Gewißheit, daß eben diese zeit-räumliche Wirklichkeit Grenzen für uns hat; Grenzen, die uns unerbittlich einengen. Und hat der Begriff Angst nicht gerade, auch sprachlich, mit dieser Enge zu tun?

Es kann dann sogar so schlimm werden, daß wir uns derart an diese zeit-räumliche Wirklichkeit unseres Seins klammern, daß wir an alles nicht kausal Berechenbare nicht mehr glauben; daß wir z.B. nicht mehr an menschliche Beziehungen glauben können, weil kausal, geplant, berechnet, eben gerade menschliche Beziehungen verunmöglicht werden. Menschliche Beziehungen können nur existieren, wenn beide Seiten der menschlichen Wirklichkeit mit einbezogen sind. Genau so wie beim Traum und bei der Inspiration braucht es bei der menschlichen Beziehung diese a-kausale, diese zur Hingabe bereite Seite des menschlichen Seins. „Liebe deinen Nächsten wie dich selbst", heißt das große Gebot; das heißt, *lieben*, also ohne Gewinn-absicht, sich selber geben, sogar aufgeben können. Dann erst ist das Tor zum Jenseitigen in uns selber und in der Welt geöffnet.

Die Bilder, welche sich uns in diesen Träumen der Weisen zeigen, sind uns so fremd wie das Jenseits in uns selber. Wir fürchten uns oft vor diesem eigenen schwarzen Abgrund. Wir weichen ihm aus, stoßen ihn von uns; seine Realität bleibt aber anwesend, bedrängt uns. Warum weichen wir sogar eigenen Wirklichkeiten aus?

Vielleicht sind diese Erzählungen aber tatsächlich Mitteilungen aus unserem eigenen Jenseits. Sie zeigen einen allgemein-menschlichen Stil, weil sie eben in allen Kultur-Bereichen vorkommen. Mythologie ist international, es gibt für jedes Volk praktisch einen Komplex mythologischer Erzählungen. Alles Schwindel, Volkseinschläferung, oder träumte der Mensch schon immer von diesem Jenseits? Das Gebiet der Mythologie zeigt eine zu starke Gemeinsamkeit in der Art der Darstellung, als daß es einfach als Produkt primitiver Stämme, — wie es dann so tolerant heißt, — abgetan werden könnte. Ich habe den starken Verdacht, daß man deshalb diese Geschichten als Produkt der Angst primitiver Stämme los werden will, weil man selber voller Angst steckt, und daß diese sogenannten primitiven Stämme gerade gar keine Angst vor diesem Jenseits hatten und haben, daß sie gerade diese Geschichten gerne hörten und freudig weiter erzählten. Sonst wären sie schon längst „verdrängt" und vergessen. Man projiziert seine eigene Angst auf diese Primitiven und erklärt kausal exakt, daß man *selber* nur die eine, Zeit-Räumliche Wirklichkeit kennt und es einem vor allem andern nur gruselt.

Ich gebe zu, für einen Menschen aus dieser, von den Naturwissenschaften geprägten Welt sind diese Erzählungen mehr als ungewohnt. Aber sogar dann, wenn man die Bibel entmythologisiert, einfach zeit-räumlich geschichtlich nimmt, bleibt sie voller Schrecken, voller Fragen, voller Ablehnung. Man muß dann wohl zu vieles wiederum verdrängen, vergessen, oder irgendeinen rachesüchtigen, primitiven Nomaden- und Wüstengott zuschreiben. Und damit entsteht neue Angst, neue Verzweiflung.

Vielleicht wäre es deshalb wohl besser uns an diese Geschichten zu gewöhnen. Man muß sich ja schließlich sogar auch mit dem Tod abfinden. Und vielleicht gelingt es uns, diese Geschichten in das Gewand der heutigen Zeit und des heutigen Menschen einzukleiden. Das würde bedeuten, daß wir sie für die heutige Welt mit-träumen und nach-träumen. Wir können sie vielleicht dem heutigen Menschen näher bringen. Das möchte ich denn auch hie und da versuchen. Manches von der Fremdheit fällt dann vielleicht ab, und wir sehen ein, daß diese andere Seite unseres Seins gar nicht mehr so abschreckend wirkt. Es könnte sogar sein, daß wir anfangen, sie zu verstehen, und daß damit die Angst zum Tode auch von uns abfällt, sogar auch die verdrängte Angst, die als unanständig aus der Gesellschaft verbannte Angst. Fangen wir also an, uns vorsichtig an sie zu gewöhnen. Bei jeder Beziehung muß man anfangen sich zu gewöhnen. Dann entdeckt man beim Andern oft unvermutet schöne Aspekte. Versuchen wir es also!

* *
*

Von den Quellen und von der Art des Aufbaues dieses Buches

Wo finden sich nun diese Geschichten, diese Träume, diese Überlieferungen von Inspirationen? Es gibt viele, sehr reichhaltige Quellen. Sie haben die Zeit überdauert, immer wurden diese Geschichten gelesen, studiert, weitererzählt. Sie waren, mit dem Menschen, wohl schon immer da. Und damit zeigten sie, daß es jedenfalls eine besondere Bewandtnis mit ihnen hat. Diese Quellen selber erzählen, daß sie erst nur mündlich überliefert wurden, und daß erst viel später, das heißt vielleicht auch in einer veränderten menschlichen Wirklichkeit, sie auch aufgezeichnet wurden. Und auch diese Aufzeichnungen sind meistens schon weit mehr als tausend Jahre alt, viele sogar schon 1500 bis 2000 Jahre.

Was macht das Alter in solchen Fällen eigentlich aus? Man spürt, das Jenseitige ist zeitlos, und es ist ewig. Eine andere Welt, welche sich aber in die Vielfalt dieser unserer Welt bricht. Denn so träumt es sich noch wohl immer bei uns. Vielleicht aber gehören diese Träume zu den beim Erwachen schon wieder vergessenen und bilden deshalb ohne den Eingriff unseres ordnenden Denkens den Alltag. So wie unser Herz ebenfalls ohne Eingriff unseres ordnenden Denkens schlägt. Zum Glück, könnte man sagen; sonst wäre der Kreislauf ein ungemein gefährlicher Prozess. So formt sich unser Alltag durch diese, den Weg über das Denken und Rechnen meidenden Träume, wie er sich eben formen kann. Man kann sagen, weil der Weg hier nicht über den Baum der Erkenntnis geht, ist das Leben in dieser Dauer überhaupt möglich. Dort sind die Wurzeln des Lebens, dort erhalten wir wohl tatsächlich die Frucht vom Baum des Lebens. Für den Weisen ist das die tägliche Frucht. Er kennt in seinem eigenen Leben das Geheimnis des Ausspruches, daß es in der Thorah kein Vorher und Nachher gibt.

Ich habe von den vielen Quellen natürlich eine Auswahl treffen müssen. Im Sinne eines bekannten Quellenbuches, dem „Seder ha-Doroth", das heißt „Die Ordnung der Geschlechter", habe ich die biblisch-zeitliche Reihenfolge genommen, und den Anfang bei der Konzeption des Menschen gemacht. Was vom Vorher erzählt wird, habe ich hier nicht mit einbezogen. Denn das sind Geschichten aus wieder einer andern Dimension. Vielleicht erzähle ich ein anderes Mal von ihnen. Hier aber habe ich, oft im Anschluss auf dieses „Seder ha-Doroth", von der Entwicklung des Menschen erzählt, wie sie jenseitig erfahren wird, und wie sie also im Traume und in der Inspiration der Weisen Formen annimmt. Formen wie Traumbilder sie auch kennen. Man kann sich an diese jenseitigen Formen gewöhnen, man kann auch versuchen, sie weiter zu verdiesseitigen. Immer bedenke man aber, daß es Formen sind aus unserer a-kausalen, aus unserer andern Seite unseres menschlichen Seins.

Dieses Werk „Seder ha-Doroth" benutzt zahlreiche Quellen, ordnet sie aber nach der biblisch-zeitlichen Reihenfolge. Diese ist nicht identisch mit unserer heutigen astronomischen Zeitrechnung. Es ist deshalb sinnlos, die Zeitangaben aus der Bibel ohne weiteres auf unsere Art der Zeit-Messung anzuwenden. Es sind eben zwei grundverschiedene Seiten unseres Seins, diese biblische Zeitrechnung und unsere heutige astronomische. Die Traum-Wirklichkeit ist eine andere als unsere zeiträumliche. Beide zusammen bilden das Sein. Es ist richtig, sie beide in Einem zu erfahren, so wie man die beiden Bäume im Paradies als aus einer Wurzel kommend erfahren kann. Der Sündenfall wird in der Überlieferung dann auch sinngemäß vorgestellt als das Trennen durch den Menschen, dieser gemeinsamen Wurzel. Die beiden Cherubim auf dem Deckel der Bundeslade sind ebenfalls aus *einem* Stück Gold, und kennen deshalb auch nicht die Trennung. Und Gott wohnt im Zwischen dieser beiden Cherubim, heißt es. Gott wohnt im Zwischen dieser beiden Wirklichkeiten des menschlichen Seins.

Es ist vielleicht gut, auch etwas Näheres von dieser jenseitigen Zeitrechnung kennen zu lernen. Von dieser wird in einem andern merkwürdigen Buch, dem „Sefer ha-Jaschar", welches das spätere Quellenbuch „Seder ha-Doroth" oft benutzt, manches berichtet. Diese beiden Bücher, wie auch eine ganze Reihe anderer, berücksichtigte ich weitgehend in meiner Auswahl. Vom „Sefer ha-Jaschar", — Jaschar bedeutet „gerade, recht, richtig", und Sefer ist „Buch" — wird z.B. erzählt, daß, als die Tempelmauer bei der Verwüstung eingerissen wurde, man einen alten Mann in der Mauer fand, welcher dieses Buch schrieb. So kam es ans Licht im Momente des Untergangs. Man kann der Geschichte schon glauben; aber als eine Geschichte aus dem Jenseits, welche durch das Erzählen im Diesseitigen Form gefunden hat. Es gibt ferner Bücher über die Gilgulim; das sind, wie man sie manchmal interpretiert, Seelenwanderungen, Reinkarnationen. Doch bedeuten sie eigentlich etwas anderes. Denn die Seele ist einmalig und ewig. Es gibt aber eine merkwürdige Beziehung zwischen dem Diesseits und dem Jenseits, und die Gilgulim, eigentlich wörtlich „Räder", drücken diese Beziehung, vom Jenseitigen her gesehen, aus. Ich habe mich darauf beschränkt, einige solcher Mitteilungen über Gilgulim mit auf zu nehmen, ohne weiteren Kommentar. Denn das würde schon ein Buch für sich bedeuten. Man kann sich jetzt aber ein Bild machen, wie vielfältig das menschliche Sein von diesem inspirierten Wissen her wohl ist. Ich habe viele Begriffe ohne nähere Erklärung aufgenommen, weil ich sie schon ausführlich in meinen früheren Werken besprochen habe, und weil Kennern dieser Bücher diese Begriffe schon mehr oder weniger geläufig sein müssten. *Diesbezüglich möchte ich hier noch einmal die Aufmerksamkeit lenken auf das kleine Lexikon dieser Begriffe, welches sich am Schluß meines Werkes „Leben im Diesseits und Jenseits" befindet.* Es ist mir vielleicht wichtiger, daß man diese Geschichten erst einmal erlebt, als daß man sich gleich in die Details begibt und jeden Begriff gleich schon umfassen möchte. Wenn man den Geist dieser wiedergegebenen, alten, eigentlich ewigen Inspirationen einmal spürt, klären sich wohl auf ganz andere Art Fragen über die Bedeutung der verschiedenen Begriffe.

Das Gleiche gilt für die Tatsache, daß manche hebräische Worte in ihren Zahlenwerten geschrieben werden. Man kann, wenn man von diesem Bereich keine Kenntnis hat — er wird aber ebenfalls in meinen früheren Werken ausführlich besprochen — einfach über diese Zahlen hinweglesen. Der Text ist auch ohne sie vollkommen verständlich. Dennoch bereichert die Kenntnis der Zahlenwelt — es genügt schon, wenn man hierfür die Einleitung zu meinem Werk „Das Buch Jonah" liest, — unermesslich. Denn in den Zahlen lebt, wie im Worte, mannigfaches Leben, das sich dann aus der jenseitigen Zahlenwelt, im Diesseits, das heißt in der zeit-räumlichen Wirklichkeit, manifestiert.

In diesem ersten Band der Sammlung habe ich die Phase von Adam bis zu Abrahams Auszug aus Charan, also bis Ende des 11. Kapitels der Genesis, gewählt. Wenn er genügend Interesse findet, so können weitere Bände folgen; das Material für weitere zwei solcher Bände liegt bereit. Und es ist wohl möglich, die Reihe bis zum Schluss dieses eigentlich mythologischen Zeitalters fort zusetzen. Das „Seder ha-Doroth" geht sogar noch weiter, indem es auch das geschichtliche Zeitalter mehr oder weniger aus gleicher Sicht zu behandeln versucht.

Ich habe die verschiedenen Mitteilungen nummeriert; zum Teil, weil eine neue Einheit eine Unterscheidung zum Vorgehenden forderte, zum Teil auch, weil andere Quellen etwas anderes von der gleichen Begebenheit erzählten; zum Teil manchmal, um zu lange Mitteilungen, wie sie z.B. im „Sefer ha-Jaschar" vorkommen, etwas zu unterbrechen. Übrigens ermöglicht die Nummerierung Hinweise und das leichtere Zurückfinden.

Durch Fußnoten, welche aber am Schluss des Buches ihren Platz fanden, wollte ich, so viel es möglich war, zeigen, aus welchen Büchern die Mitteilungen stammen, aber auch die Aufmerksamkeit auf die Anwesenheit dieser Bücher lenken. Diese Bücher stehen fast ausschließlich nur in hebräischer oder aramäischer Sprache zur Verfügung, und werden wissenschaftlich, wie man schon verstehen wird, niemals auf diese Art ausgewertet.

Denn diese Art der Auswertung versucht doch, diese Träume der Weisen im eigenen Leben weiterträumen zu lassen. Nur wer sich in dieser anderen Seite unseres Seins bewegen kann, nur wer in dieser Lehrschule der oberen Weisheit verweilen möchte, wird diese Geschichten so verstehen, wie sie verstanden werden möchten: als

Erlebnisse im Jenseits, nicht aber als historische Doku-
mentation.

Dennoch versuchte ich diese Geschichten nicht ohne
Hinweis auf ihre Wirkung im Diesseits, in der zeit-
räumlichen Wirklichkeit des menschlichen Seins, zu
lassen. Vielleicht ist meine Art der Übertragung ins
Diesseitige eine Andeutung, wie das Selber-weiter-träu-
men ermöglicht wird: nämlich, indem man das Jenseitige erst wieder hier erlebt, um dann wiederum ins
Jenseitige aufsteigen zu können. So erst träumt es sich.
So träumt der Mensch doch auch in der Nacht anhand
seines Erlebens im wachen Tag. Meine Hinweise sind
also bestimmt nicht allegorische oder symbolische — wie
immer man symbolisch auch versteht — Deutungen.
Solch eine Deutung objektiviert, distanziert; ich möchte
aber, daß der Hinweis auf das Diesseitige das eigene
Erlebnis ermöglicht. Nicht alle Hinweise stammen vollständig von mir; einige Male sah sich Herr H. Aeppli, der
meinen holländischen Text ins Deutsche übersetzte, weil
es ihm zum Erlebnis wurde, veranlaßt hie und da einige
Sätze aus eigener Sicht hinzuzufügen. Nicht also der
ursprüngliche Text wurde geändert, weder von mir,
noch von Herrn Aeppli, sondern *meine* Interpretation
dieses Textes erhielt einige Male eine kleine Zufügung.
Text und Interpretation wurden nicht durch verschiedenen Satz voneinander unterschieden. Man bemerkt
schon selber, was das eine und was das andere ist. Die
Interpretation unterscheidet sich schon inhaltlich vom
Text dieser merkwürdigen, geträumten, inspirierten
Mitteilungen. Vor allem wollte ich aber die Einheit des
Mundes, der spricht, und des Ohres, welches vernimmt,

wahren. Denn Inspiration fußt auf dieser Einheit. Wenn es diese Einheit nicht gibt, wird alles Opfer trockener, langweiliger Exegese. Laßt uns deshalb mitträumen mit diesen heiligen Träumern. Ihre Vision wird unsere wecken, ihre Inspiration wird unsere hervorrufen. In diesem Bereich der anderen Wirklichkeit unseres Seins kommen Beziehungen auf diese Art zustande. Und diese Art Beziehungen wird uns mit andern Welten verbinden, wird aber vor allem auch die beiden Seiten unseres eigenen Seins zueinander bringen; das heißt, wir werden dann wirklich, im Bilde Gottes, im Zwischen dieser beiden Wirklichkeiten, leben.

1. Gott beginnt die Schöpfung mit dem Menschen und vollendet die Schöpfung mit dem Menschen. — Wenn Gott sich anschickt die Welt zu machen, und bevor er mit der Schöpfung beginnt, macht Er den Menschen. Sein Machen des Menschen ist jedoch vorerst einzig ein Herstellen der Form, der Form, zu der der Mensch dereinst gestaltet werden wird. Diese Mensch-Formung geht allem voraus. Erst wenn die Schöpfung in allen Teilen vollzogen ist, stellt Gott diesen Menschen auf seine Füße, sodaß er Himmel und Erde verbindet. Und dann bringt Gott die Neschamah in den Menschen [1].

2. Die Erscheinung des Menschen auf dieser Erde ist in der Zeit der sechste Tag der Schöpfung. Dieser Tag ist der Freitag. Und es ist der erste des Monats Tischri, des siebenten Monats. Dieser Tag ist das Neujahr und damit beginnt die biblische Zählung der Jahre [2].

3. Die Schöpfung des Menschen kommt in 12 Phasen zustande, in Übereinstimmung mit der Erscheinung des Menschen in der Zeit. Die 12 als absolute Zahl bedeutet in der Zahlenwelt die Zeitordnung. Diese Ordnung nimmt ihren Anfang mit dem Erscheinen von Sonne, Mond und Sternen. Man nennt die 12 Phasen Stunden, wenn sie innerhalb des Tags gemessen werden, und Monate inbezug auf das Jahr.

45

Die 1. Stunde ist von der Absicht Gottes erfüllt, die sich darauf richtet den Menschen in diese Welt zu bringen.

In der 2. Stunde regiert Gott als König bei den Engeln.

In der 3. Stunde bringt Gott die Materie zusammen, welche den Menschen hier auf dieser Erde aufbauen wird.

Die 4. Stunde sieht die Formgebung; die Elemente werden gemischt, die Begrenzung der Form wird festgelegt und der Teig zu dieser Form geknetet.

Seine abschließende Form wird dem Körper in der 5. Stunde zuteil.

In der 6. Stunde wird der Mensch aufgerichtet und auf seine Füße gestellt. Sein Körper und seine Ausrichtung wird eine aufrechte, Erde mit Himmel verbindend.

Gott bringt die Neschamah in der 7. Stunde in den Menschen.

In der 8. Stunde versetzt Gott den Menschen in den Garten Eden.

Die 9. Phase wird ausgezeichnet durch Gottes Gabe der Mizwah an den Menschen. Mizwah bedeutet Gebot, im Sinne von bieten, anbieten. Damit der Mensch weiß, was der Sinn seines Daseins ist, erhält er Mitteilungen über die Bedeutung seines Tuns. Dadurch kommt ihm die Einsicht und die Weisheit, und kennt er den Sinn des Seins. Damit wird ihm seine Bestimmung in der Schöpfung. Der Mensch kann der Mizwah gemäß handeln oder nicht[3]. Mit dem Kommen des Wortes Gottes zum Menschen wird der Mensch geweckt. Er

46

wird dadurch er selbst. Er kann hören, kann die Freude der Einsicht erleben, welche durch Gottes Wort zu ihm kommt.

In der 10. Stunde geschieht es, daß der Mensch die Mizwah übertritt. Nicht das Wachsein und das Hören wählt er. Er nimmt das, was schläfrig macht und was die Ohren verstopft. Das ist, was vom Nehmen vom Baum der Erkenntnis erzählt wird.

In der 11. Stunde spricht Gott mit dem Menschen über dessen Fall und über die Tragweite der Verfehlung für ihn und die Welt. Der Mensch ist nicht imstande, nur auch eine Stunde lang die Mizwoth (Mehrzahl von Mizwah) zu beachten.

Darauf verliert der Mensch seine Welt. Er wird aus dem Garten Eden entfernt. Die Zeit der 12 Stunden, der ,,12", ist um [4].

4. Vertrieben aus dem Garten Eden kommt der Mensch in diese Welt. Die erste Realität geht ihm verloren. In dieser neuen Wirklichkeit muß er leben. Sein Bewußtsein kennt nichts anderes als diese neue Welt. Diese Welt gibt ihm aber nicht die gesuchten Früchte, den Sinn des Seins und den Sinn seines Wirkens, trotzdem er sie mit Hingabe zu erlangen sucht. Was sie hervorbringt, ist Unkraut, das Stechende, ,,Dornen und Disteln".

Seine Wohnstätte wird ihm nun im Osten des Gartens Eden. Der Mensch lernt seine Frau kennen, hier, in der neuen Welt. Das Wort ,,jeda" (10-4-70) wird gegenwärtig nur in seiner Bedeutung von ,,Gemeinschaft haben mit" wiedergegeben. In Wirklichkeit bedeutet es: wissen, kennen, erkennen, kennen lernen, erfahren, wahrnehmen, begreifen, verstehen. „Gemeinschaft haben" bedeutet hier demnach, daß der Mann, der Kern, die Umhüllung begriffen hat; in dieser Erfahrung ist er damit „eins" geworden.

Die Frau, die Umhüllung, gebiert nun zwei Söhne und drei Töchter[5]. Des Ältesten Name ist Kain; denn die Frau sagt: „ich kaufte einen Mann von Gott". Das Wort „kone" (100-50-5) bedeutet in Wirklichkeit viel mehr als das in diesem Zusammenhang etwas unbegreifliche Kaufen. Es stecken darin auch die Bedeutungen: einlösen, schaffen, zu sich nehmen. Die Frau ist nun diejenige, wodurch Gott schöpft, wodurch Gott hier alles in Erscheinung treten läßt. Durch das Äußerliche, durch das für den Menschen hier Wahrnehmbare, kommt das Leben zustande. Die Frau ist nun mit Gott, durch die Frau läßt Gott auch den Menschen kommen, dieses Geheimnis hat nun Gott mit der Frau.

Den zweiten Sohn nennt sie Hewel (das ist, was in der Verballhornung Abel heißt) (5-2-30). Denn sie sagt: „mit Nichtigkeit kommen wir auf Erden und mit Nichtigkeit werden wir davon weggenommen"[5].

Der Jüngere steht am Platz der Neschamah, welche in gleicher Weise für diese Erde unwägbar ist, nicht festzustellen. Für diese Welt ist die Neschamah „Nichtigkeit", was ja die Bedeutung des Worts Hewel ist. Aus einer Nichtigkeit kommt unser Leben und es verschwindet in Nichtigkeit. Es ist unausspürbar, es ist für unsere Maßstäbe unergründlich.

5. Bei ihrer Erschaffung sind der Mann und die Frau wie 20-Jährige [6] . Davon leitet sich der Brauch ab, daß Männer spätestens im Lebensalter von 20 Jahren eine Frau haben sollten.

Die Zahl 20 muß hier vor allem auch in ihrem absoluten Wert gesehen werden. Es ist die ,,kaf'' (20-80), die tuende Hand, die Tat. Es ist der Beginn der Bewegung.

Das Gesicht von Mann und Frau ist bei der Schöpfung nach Osten gewandt [6], auf die Vergangenheit hin, den Ursprung. Die Zukunft, den Westen, kann der Mensch nicht wahrnehmen.

Keines der Geschöpfe lernte sein Weibchen kennen, bevor Adam sich seiner Frau näherte [6] .

6. Am Sonntag begibt der Mensch sich in die Wasser des Stromes Gichon. Die Wasser reichen ihm bis an seinen Hals [7] .

Es ist der Gichon von oben, herkommend aus der anderen Welt. Denn am Sabbath war der Mensch zum erstenmal in der unteren Welt, nachdem er aus dem Garten Eden ausgetossen war. Den ganzen Sabbath wird es nicht dunkel, vom Freitag Nachmittag an, wenn der Mensch aus dem Garten Eden in diese Welt kommt.

Im Gichon bleibt der Mensch sieben Wochen und er verbringt diese Zeit fastend. Bis sein ganzer Leib wie sein Herz wird. Und er spricht : ,,die luchoth (die Tafeln), welche vom Finger Gottes beschrieben sind, halten in den Tagen Jehoschuas die Wasser des Jordans auf. Mein Leib, der durch die beiden Hände Gottes geformt wird, und der Atem der Neschamah, der mir durch Gott eingeblasen ist, wieviel mehr Kraft und wieviel mehr Bedeutung wohnt ihnen nicht inne." Und so beschließt er sich einen Ort zu bereiten, noch zu seinen Lebzeiten, wo sein Leib nach seinem Hinschied zur Ruhe gebettet wäre. Denn anders würden die Menschen in dieser Welt, die große Kraft des Leibes ahnend, hingehen diesen Leib zu vergöttern. In der Tat, im Vergleich zu den steinernen Tafeln, die den Jordan zu spalten imstande sind, im Vergleich zu den Luchoth, welche den Zeitfluß aufhalten, ist der Leib des Menschen ein viel größeres Wunder Gottes. Darum ist es schon durch Adam, den ersten Menschen, eingerichtet, daß sein Körper würde verborgen werden. Verborgen werden soll er unter der Erde, in einer Höhle (Meorah), welche in einer Höhle ist. Das ist also ein doppeltes Verborgenwerden. Der Platz in der Erde, wo der Leib ruht, ist nicht der wirkliche Platz. Denn in der Höhlung befindet sich noch eine andere. Und diese zweite Höhlung ist nun eben das Unsichtbare. Darum heißt dieser Ort des Verborgenseins die „meorath ha-machpelah", die doppelte Höhle. Durch diese Zweiheit geht die Einheit verloren. Und der Mensch ist so verborgen, daß diese Welt, in ihrer Suche nach einem Gott, welcher ihrem irdischen Bestand eine ewige Dauer wird verleihen können, diesen Leib, so reich an göttlichen Wundern, nicht ausmachen kann. Er befindet sich in der Vertiefung der Vertiefung, in der Höhlung innerhalb der Höhlung. Das großartigste der Wunder Gottes, dieser Leib, geformt durch die beiden Hände Gottes, entzieht sich, ist unauffindbar.

Das ist das Geheimnis des Verschwindens des Leibs aus der menschlichen Sichtbarkeit. Schon während seines Lebens richtet sich der Mensch hierauf. Jeder Mensch, durch Adam.

Darum heißt es, daß in der „meorath ha-machpelah", welche Abraham von Ephron, dem Chitti, für die 400 Schekel kauft, Adam und seine Frau ruhen. Darum erwirbt er diesen Platz, wird erzählt, daß da die vier Paare ruhen: Abraham mit Sarah, Jizchak mit Riwkah, Jakob mit Lea und Adam mit Chawah. Anders würde der Mensch aus dem Leib den großen Abgott machen.

Die wirkliche meorath ha-machpelah kann deshalb der Mensch nie betreten, es sei denn er sterbe. Auch das erzählt die Überlieferung.

7. Der Mensch in seinem Adam-Zustand, das heißt in seinem tiefsten Kern, in seiner Innerlichkeit, hat von Gott 6 mizwoth empfangen. Das ist gleichbedeutend mit 6 Belehrungen über Alternativen, 6 Weisen der Erleuchtung, 6 Empfehlungen für seinen Lebensweg, 6 Zeichen, die festgehalten werden sollten. Sie sind die folgenden[8]:

1) das Abstandnehmen von Abgöttern. In Gott ist eine große Einheit und ebenso ist Seine Schöpfung *ein* Ganzes. Daraus irgendwelche Kräfte zu isolieren ist eine Verfehlung. Man muß sich die Ganzheit und die durchdringende Verbundenheit aller Dinge stets lebhaft vor Augen halten und sie sich zur Richtschnur seines Handelns machen. Nichts aus der Schöpfung soll für etwas anderes gebraucht werden als für den Dienst an Gott, das heißt für das Zurückbringen zum

Ursprung, das Zurückfinden der Einheit, das Suchen also auch der Zusammenhänge.

2) die Enthaltsamkeit von Gilui Arajoth, also kein „Entblößen der Scham". Die leibliche Erscheinung gehört als Geheimnis zur Grundlage dieser Schöpfung. Es ist sinnlos nach dem leiblichen Ursprung zu suchen. Weil das Geheimnis des Leibes ein ganz anderes Gewicht hat — eine ganz andere Tragweite, soll man mit dem Leib nicht protzen. Der Nachdruck darf nicht auf dem Äußerlichen liegen. Der Leib bewahrt seinen Sinn nur in der Bescheidenheit und in der Keuschheit. Jede Form von Unzucht ist zu meiden. Unzucht ist das Entwenden des Sinnes des Leibes, indem man ihn nur nach seiner Erscheinung bewertet.

3) das Meiden Schfichath Damim, von „Blutvergießen". Darunter fällt nicht nur der buchstäbliche Mord, sondern jede Form von Beschämung, Erniedrigung, Geringschätzung. Weil der Mensch die ganze Welt ist, die ganze Schöpfung, ist er von ausschlaggebender Bedeutung, darf er nicht entwürdigt werden.

4) der Mensch nehme nicht an Raub teil, Gesel. Er nehme einem andern nichts weg, weder materiell, leiblich, noch auch ideell, geistig. Dies tuend zerstört er die Harmonie der Schöpfung, welche es fügt, daß zu jedem Menschen bestimmte Sachen und Gedanken gehören. Diese sind ihm zugeteilt, und es besteht zwischen dem Menschen und den Dingen ein unsichtbares Band.

5) Birkath ha-Schem, der Lobpreis Gottes, eigentlich: das Segnen Gottes. Alles, was man sieht und alles, was man erfährt, darf man Gott zuschreiben und über-

zeugt sein, daß es eben darum ohne jeden Zweifel gut ist. Man stehe auch dazu und spreche das Bekenntnis aus, man lasse es die andern hören, damit diese der Feststellung beipflichten können.

6) Dinim: der Mensch sehe in allem Tun und Lassen eine Ordnung, und sein Vornehmen und Denken bringe er mit dieser Ordnung in Übereinstimmung. Nichts ist sinnlos, alles hat seinen Platz und seine Bedeutung. Alles hat seine Verbindung mit der andern Welt. Was hier erscheint, ist Ausdruck, in seiner spezifischen Konkretheit, seiner Anwesenheit in der andern Welt. Der Mensch kann sein Handeln und Denken von dieser Schöpfungsordnung ablösen. Er ist dann abgeschnitten und die Welt gebrochen. Er kann aber auch die Ordnung in seinem Leben anhand der Schöpfungsordnung aufbauen.

8. Gott führte das Ibbur-Jahr ein, das gekennzeichnet ist durch die Einfügung eines 13. Monats. Dadurch deckt sich das Mondjahr von 12 Mond-Monaten mit dem Sonnenjahr (sh. ,,Bauplan''). Durch diesen Ibbur wird der Unterschied zwischen Sonne und Mond, der Konflikt der Zweiheit, aufgehoben[9].

Im Ibbur ist das Geheimnis des 13. gegenüber den 12. Durch diesen 13. werden Sonne und Mond verbunden, Tag und Nacht, Leben und Tod.

Und Gott lehrte den Adam diesen Ibbur. Man bedenke, daß hier das Astronomische nicht abgeschnitten ist vom Wesentlichen. Gott weist den Menschen an, wie er die 12 dieser Weltzeit verbinden kann mit dem Außerweltlichen, mit dieser zentralen, bestimmenden 13. Damit ist für das Zeit-Räumliche die Verbindung mit der ,,eins'' hergestellt.

Adam gibt die Kenntnis des Ibbur weiter an Chanoch (Henoch), und dieser wieder an Methuschelach (Methusalem), durch welchen sie Noach erreicht.

9. Gott macht für den Menschen, nach dem Gespräch im Zusammenhang mit dem Nehmen vom Baum der Erkenntnis, ein Kleid von or (70-6-200), von Haut. Diese Haut ist diejenige, welche die nachasch (50-8-300), die Schlange, abstreift. Das also ist die Umhüllung des Menschen [10].

Eine andere Überlieferung erzählt [11], daß dieses Fell vom tachasch (400-8-300), (sh. u. a. Ex. 25:5), stammt, welcher in den Tagen Moses umgeht und dessen Fell dann bei der Umhüllung und Bedeckung des Mischkan (die Wohnung Gottes) gebraucht wird. Dieser tachasch kommt nur in der Welt von Moses vor. In andern Zeiten besteht er nicht.

Man bedenke: dasselbe Fell, einmal als Umhüllung des Menschen und ein andermal der Wohnung Gottes. Und dieses Fell herrührend von einem Wesen, das bloß einmal erscheint, um zu nichts anderem als diesem Bedecken zu dienen.

Eine weitere Überlieferung [12] gibt an, daß die Haut des Menschen die Haut des weiblichen Leviathans ist, welche Gott unmittelbar nach ihrem Zustandekommen wegnimmt, und die Er durch das Salz bewahrt, durch das „melach" auf die Zadikim hin in der kommenden Welt (mehr darüber im „Bauplan" und in „Jonah").

Diese Umhüllung, durch Gott hergestellt und dem Menschen gegeben, nachdem er vom Baum der Erkenntnis genommen hat und den Garten Eden verlassen muß, gibt Adam, wenn er aus dieser Welt geht, dem Chanoch[13], dieser aber dem Methuschelach und schließlich nimmt Noach sie in die Tewah mit. Cham entwendet diese Umhüllung beim Verlassen der Tewah[13]. Man vergleiche hier die Tat Chams gegenüber Noach (sh. auch „Esther"). Wenn dem Cham nun Kusch geboren wird, gibt dieser die Haut insgeheim dem Kusch weiter. Der nächste, der die Haut empfängt, aus den Händen Kuschs, ist Nimrod. Esau nun tötet Nimrod und setzt sich in den Besitz der Haut. Diese Umhüllung ist identisch mit den bigde chamudoth, den „besten Kleidern" (sh. Gen. 27:15), welche Jakob von Rebekka empfängt, damit er den Segen Jizchaks entgegennehmen kann. Es sind die Kleider Esows[14], welche Jakob sich überstreift, die Voraussetzung, daß er den Segen erhält.

10. Eine Überlieferung erzählt[15], daß Adam und Eva, abgesehen von Kajin, Hewel und Scheth, noch 30 Söhne hatten. Andere geben sogar 100 an.

Kajins Zwillingsschwester heißt Kalmana, welche auch seine Frau wird[15]. Die Zwillingsschwester Hewels heißt Balbura. Sie wird Hewels Frau[16].

11. Die Person Adams kommt aufs neue im Gilgul zum Vorschein (sh. „Jonah") in Abraham, diejenige Evas in Sarah. Danach erneuert sich Eva wieder in Jizchak (sh. auch „Bauplan"), Adam und Eva vereint wieder bei Jakob und Lea[17].

Ein Gilgul Evas ist auch wieder Chana (1. Sam. 1:2), die Witwe von Zarfath (1. Kön. 17:9 ff) und die Sunamitische (2. Kön. 4:8) (sh. auch „Jonah").

Eva hat einen andern Gilgul in Bathjah, der Tochter Pharaos [15].

12. Kajin hat 100 Söhne [18]. Er wird in den Tagen Lemechs getötet [19] (sh. „Bauplan"). Einer andern Überlieferung zufolge kommt er in den Tagen der Mabul um [20].

13. Kajin hat einen Gilgul bei Jithro, bei Korach und beim Ägypter, welcher von Moses getötet wird (Ex. 2:12) [15]. Die Überlieferung weist auf das Wort wajakam (6-10-100-40) in Gen. 4:8 und die rosche tewoth (Anfangsbuchstaben der Wörter) von Jithro, Korach und Mizri, welche 10, 100 und 40 sind. Jeder Buchstabe der Thora schließt in sich die Geheimnisse des ganzen Gangs der Welt. Eine bestimmte Tat des Menschen entscheidet bereits über sein weiteres Erscheinen. Weil die Thora, Gottes Wort, das Wort jakam gebraucht, sind bereits Geschehnisse bei Jithro, Korach und Mizri gegeben.

Die Darstellung Kajins in Korach erkennt die Überlieferung auch aus dem Öffnen des „Munds" der Erde in Gen. 4:11 und in Num. 16:32. Auch nimmt Gott ja beider Korban nicht an, wie nachzulesen ist in Gen. 4:5 und Num. 16:15, (wo Moses Gott in dieser Sache bittet). Selbstverständlich ist der Zusammenhang durch die Worte und Buchstaben und ihre absoluten Werte noch viel weiter zu verfolgen. Die Überlieferung findet ihren „Beweis" stets wieder in der Thora.

Kajin hat viele Gilgulim. Ich erwähne hier auch den

Gilgul bei Laban[15], sowie bei Ruben. Durch die Tat von Ruben mit Bilha (sh. „Bauplan") geht der Gilgul auf Jithro über[21].

14. Kajin bearbeitet die Erde, er pflügt und gräbt um. Hewel hütet das Vieh. Es geschieht, daß Hewels Tiere auf den Grund von Kajin geraten. Kajin wird darob erzürnt und fordert Hewels Erklärung. Hewel antwortet mit dem Hinweis, daß Kajin doch vom Ertrag der Herde mitgenießt. Er sagt: „Du solltest die Kleidung ausziehen, denn sie stammt doch von der Wolle meiner Tiere. Was dir von meinem Vieh zugute kommt, wollest du mir bezahlen." Und er fügt die Frage hinzu, wo er denn seinen Fuß hinsetzen soll, wenn ihm nicht gestattet sei, auf der Erde zu weilen. „Muß ich etwa zum Himmel fliegen?" Bei diesen Worten nimmt Kajin ein Ackergerät, womit er die Erde bearbeitet, schlägt damit seinen Bruder und tötet ihn[13].

Man begreife, daß Kajin, als der Frühere, der Erdverbundene ist, das Leibliche. Die Neschamah kommt ja zuletzt. Das Leibliche widmet sich der Erde, ringt ihr den Ertrag ab und lebt in enger Berührung mit ihr. Dabei sieht er nicht ein, daß der Leib nur dank der Neschamah bestehen kann, welche ihm die Auszeichnung der besonderen Umhüllung möglich macht, welche ihn nährt und versorgt. Das Leibliche ist aufgebracht und eifersüchtig, wenn es merkt, daß das Andere, die Neschamah, auch auf dieser Erde anwesend ist.

Das Hüten des Viehs kommt dem Versorgen des Leiblichen gleich. Das Leibliche soll hingeführt werden zum Korban. Dazu kommt die Neschamah hier auf diese Erde. Doch das Leibverhaftete gerät dadurch in Unruhe und will die Neschamah aus seinem Umkreis vertreiben. Die Neschamah hat aber hier ihren schöpfungsmäßigen Platz, sie hat auf Erden ihren Auftrag und ist mit einer Bestimmung im menschlichen Körper.

Der Körper treibt die Neschamah aus. Er bedient sich dabei dessen, was das Leibliche eben als Zweck seines Bestehens sieht. Das Werkzeug, welches das Irdische kultiviert und fruchtbar macht, die Methodik, welche die irdische Bleibe des Körpers entwickelt. Und die Neschamah mit ihrem Mitleid und ihrer Besorgtheit um das Erscheinende wird wehrlos gegen das Leibliche, das als Naturkraft auftritt (über Kajin und Hewel sh. auch „Esther").

Der Körper trägt den Todeskeim schon in sich. Das äußert sich bei der Tat am Baum der Erkenntnis und bei der Kajinstat. In den Gesprächen bestimmt das Leibliche schon den Tod über sich selbst.

15. Hewel wird 50 Tage alt [22]. Die beiden Zwillingsschwestern Hewels sind Ziporah (Tochter Jithros, die spätere Frau Mosches) und Bathjah (die Tochter Pharaos) [23].

Ich bin mir bewußt, wie bei solchen Mitteilungen den Leser, der nichts akzeptiert, was sich ihm nicht in einer linearen Chronologie präsentiert, die Haare sträuben. Wer aber von jeder in der Zeit eingebetteten Erscheinung auch die von der Zeit gelöste Form spürt, kann aus solchen Mitteilungen ganz neue Aspekte gewinnen. Sie werden ihm den großen Komplex der „himmlischen Paläste" sichtbar werden lassen. Es ist eben die Wirkung der Zeit, Ausdruck von dem, was als Folge der Sünde erkannt wird, wodurch die Zusammenhänge zerreissen. Sie bewirkt, daß das Lebendige und sinnvolle Gefüge nicht mehr erkannt wird. Es ist, als ob man bloß Steine auf seinem Weg findet, Steine an denen man mit dem Fuß anstößt, und erst am Ende des Wegs erkennt man, daß sie alle Bausteine waren, aus denen sich der „himmlische Palast" aufbaut. Die Überlieferung erzählt die Dinge so, damit man intuitiv den Zusammenhang sehe, Zusammenhänge, welche durch den chronologischen Bericht auseinandergezogen sind. Alle leben sie „zugleich", in jedem Moment leben sie und man ist vertraut miteinander. Und so sind wir auch eins mit allem dort. Wir sind es auch in unserem chronologischen Leben. Die Menschen, welche diese Mitteilungen weitergaben, von Urzeit her, waren Weise im höchsten Sinn. Auch ihnen war ohne Zweifel bewußt, daß solche Mitteilungen in den Ohren des mit irdischer Logik denkenden Menschen wie Ketzerei klingen mußten. Und gerade darum hielten sie an der paradoxen Form der Erzählungen fest, damit der Mensch auch lerne auf sein anderes Gehör zu achten.

Noch eine andere Schwester Hewels gibt es, und das ist die Schunamitische (2. Kön. 4)[23]. Diese Schunamitische ist übrigens auch eine Schwester Abischags, der Schunamitischen (1. Kön. 1), welche zu David gebracht wird. Der Sohn der bei Elischa erscheinenden Schunamitischen ist der Prophet Chabakuk. Man muß sich also wohl oder übel an die Aufhebung des Zeitschleiers gewöhnen.

Die vierte Schwester Hewels, — es ist demnach ein Fünfling, worunter ein Mann, — ist die Frau des

Propheten Jecheskel (Hesekiel)[23,15]. Das linnene Kopf-tuch, das Jecheskel umzubinden geheissen wird, trotz der Trauer (Hes. 24:17—18), ist vom selben Stoff, dem pischtan, dem Flachs, welchen Kajin als sein Korban bringt. Das Unrecht des Korbans Kajins (sh. auch „Bauplan") wird damit aufgehoben.

Von Jecheskel wird auch erzählt, daß er eine Verbin-dung mit Kajin hat. Der Samen, der jenem voraus kam, aus dem Kajin geboren wurde, und der scheinbar ungebraucht bleibt bei der Frau, erzeugt nämlich Je-cheskel. Das ist der Grund, warum er stets Ben Adam genannt wird[15]. Denn er ist aus diesem Samen und ist damit ein echter Sohn Adams, sogar der älteste. Die Übersetzung lautet in den neuen Ausgaben „Menschen-kind", „Menschensohn" oder „Sohn des Menschen". Buchstäblich steht da Ben Adam, Sohn Adams. Adam ist der Mensch, der zunächst bei Gott steht; er wird als Erster von allem von Gott gemacht. Er ist gemäß der Überlieferung gemeint, wenn es in Gen. 1:2 heißt, daß der „ruach elohim merachefeth al pné ha-majim", der Geist Gottes schwebt über den Wassern. Die Über-lieferung erklärt ausdrücklich: „das ist der Messias". Eine andere Mitteilung stellt ihn uns als „Adam" vor. Der Mensch wahrhaft im Bilde Gottes. Der Ben Adam ist also wohl Einer, der wenig in unsere alltägliche Vorstellung paßt, ein Überirdischer. Diese Vorstellung entzieht sich dem chronologisch denkenden Menschen ganz und gar. Jecheskel besteht somit ja von Urbeginn an, wie auch seine Frau. Die Mitteilung über Jerusalem (Hes. 24) erscheint damit auch in einem besonderen Licht.

16. Hewel hat ein Gilgul bei Schem und Japheth [24]. Bei Bileam und Balak lebt die Ra (Böse)-Seite Hewels wieder auf, bei Moses die Tow (Gute)-Seite [23]. Auch Ruth ist Gilgul Hewels [25].

17. Nachdem er Hewel umgebracht hat, ist Kajin ,,na-wenad",,unstet und flüchtig" (sh. ,,Bauplan"). In diesem Zustand ist Kajin bei seiner Frau und es wird ihm als Sohn Chanoch [13]. Gott verleiht ihm in seiner Ruhelosig-keit eine gewisse Dauer und einen Schein von Beständig-keit. In diesem Zustand erbaut Kajin die Stadt, welche den Namen seines Sohnes trägt, der in diesen Umstän-den geboren wurde. Diese Ruhe, welche Kajin von Gott gegeben wird, ermöglicht ihm das Weiterleben, erlaubt ihm das Leben auszuhalten.

18. Wenn Adam den Scheth erhält, nach den 130 Jahren, zeigt sich ein großes Licht, welches alles füllt.

Scheth ist ja wieder der Sohn, der ganz im Bilde Adams entsteht (Gen. 5:3). Einzig noch bei Scheth findet sich dieser Ausdruck, welcher für den Vergleich Adams mit Gott Anwendung gefunden hat (Gen. 1:26 -27).

Scheth weist seine Kinder an, sich nicht mit den Kindern Kajins zu vermengen. Das hielten sie bis zum 7. Geschlecht ein. Von da an aber vermengten sie sich, woraus die ,,Riesen" kommen, die Art Menschen, wel-che durch ihre Lebensweise und ihren Weg unvermeid-lich der Mabul zusteuern. Die Mabul, die große Verflüs-sigung, die Zeitüberwältigung, nimmt sie auf und nimmt sie weg. Ihre Namen hier gehen verloren [15].

19. In den Tagen Enoschs — d.h. auch im Enosch-Zustand beim Menschen — wächst die Empörung gegen Gott mächtig an. Bei diesem dritten nimmt der Abstand von Gott, dem Ursprung des Menschen, zu. Gott läßt dann den Gichon (Gen. 2:13) die Welt überschwemmen, wodurch ein Drittel der Welt verloren geht [15]. Gemäß dem Midrasch Tanchuma und der Mechilta ist es das Weltmeer, welches diese Überflutung bewirkt. Man weist in diesem Zusammenhang auf Amos 5:8 hin, wo das Geheimnis der Überwältigung durch das Wasser, eigentlich aber durch die alles verschlingende Zeit, ausgedrückt wird [13].

Dies Geschehen findet zweimal statt [13]. Amos erzählt vom zweiten Mal in 9:6. Das eine Mal betrifft es das ,,Dor Enosch'', das Geschlecht Enoschs, das andere Mal das ,,Dor Haflagah'', das Geschlecht des Turmbaus. Eine andere Überlieferung [26] nennt als Wiederholung das ,,Dor (Geschlecht, Generation) Kenan'', das vierte nach Adam.

Die Vertilgung eines Drittels bedeutet, daß die ,,Einheit'' weggenommen wird, und daß die Dualität als Paradox allein übrig bleibt. Man ist von der ,,Einheit'' abgeschnitten, man weiß nichts mehr von ihr. So beginnt auch die Welt mit der Zweiheit, mit der beth von bereschith, dem Buchstaben ,,zwei'', womit das erste Wort der Bibel im Hebräischen anfängt. Jede Entfernung vom Ursprung, jeder Nachdruck auf den Abstand, bringt es mit sich, daß die ,,eins'' verborgen wird. Darin liegt auch der Sinn der Welt (sh. ,,Rolle Esther''). Darum auch heißen die Menschen in dieser Welt nach Enosch, Anaschim, was die Mehrzahl von Enosch ist. Sie heißen nicht Adamim, was die Mehrzahl von Adam wäre. Nicht einmal Bnei Adam, Söhne Adams, heißen sie. Die Männer heißen Anaschim und die Frauen Naschim, wobei die Alef wegfällt. Bar-Nasch bedeutet also eigentlich Sohn Enoschs.

Daß die „eins" zweimal weggenommen wird, ist also eine doppelte Verbergung. Das erinnert an die doppelte Verbergung, die Adam seinem Leib zuteil werden läßt, seiner Erscheinung, welche durch Gott gemacht ist. Es ist die doppelte Verbergung in der meorath hamachpelah, der doppelten Höhle.

20. Enosch ist im Menschen derjenige, welcher die Gestalten, die Formen, hervorbringt. Diese werden die Zwischenphasen für den Kontakt zwischen dem Menschen und Gott. Es gibt nicht mehr das Unmittelbare. Man bedarf der Einbildung, der Vorstellungskraft, die sich an Formen orientiert. Man kann auch sagen, daß Enosch im Menschen die Möglichkeit schafft, sich an Gott zu wenden. Durch Enosch sind die Formen entstanden, welche Vermittler werden können [15]. Aber das ist doch auch wieder ein Aspekt der Abweichung von Gott, eine Seite, welche in der Überlieferung dem Geschlecht Enoschs einen negativen Charakter zuerkennt, den Charakter des Sich-entfernens.

Man denke auch an das Aufkommen unseres Zeitbewußtseins beim Geschlecht Enoschs. Auch das steht im Zusammenhang mit der Verbergung der „eins". Unsere Anschauung des Weltalls ist abhängig von diesem unserem Zeitgefühl.

Der direkte Kontakt mit Gott ist demnach identisch

mit dem noch nicht Verloren-Sein der „eins". Derjenige in welchem die Scheth- und die Adam-Phase noch lebendig ist, hat noch immer diesen Kontakt. Wer beim Enosch-Bewußtsein anzusetzen gezwungen ist, kann deshalb nicht mehr anders Gott näherkommen als durch Zwischenphasen. Doch bleibt die Verbergung durch Enosch eine Realität, womit es der Mensch zu tun hat. Erst wenn er den Sinn der Verbergung durchlebt hat, den Begriff „Esther", kann er zu seinem tiefsten Wesen durchdringen. Er wisse aber, daß auf seinem Weg zurück Enosch liegt und daß er die Phase Enosch durchleben muß.

21. Wenn Enosch sein 31. Jahr erreicht, leugnet er die Einheit Gottes [27]. Das bedeutet, daß er die awoda sara, „den Götzendienst", als Lebensweg nimmt. Sobald beim Menschen die Einheit Gottes verloren geht, dann vollzieht sich bei ihm eine vollständige Wendung; sein Lebensweg verläuft nun in entgegengesetzter Richtung. Es ist der Weg der Entwicklung, der der Zeit unterworfen ist, den er damit gewählt hat. Er verliert das Empfinden, welches ihn bis dahin gelenkt hat, und er Gott als Einheit erkennt, als *alles* beherrschend, alles liebhabend. Nichts mehr weiß er davon, er verliert das Verantwortungsgefühl; er begreift das Andere nicht mehr, er versteht den Andern nicht mehr, alles sieht er auf einmal anders.

Mit der lamed, der 30, entsteht die Bewegung. Auch das All setzt sich dann in Bewegung. Die lamed ist der Stachel, der den Stier in Bewegung setzt. Das geschieht also durch das 30. Jahr; im 31. kommt es in die

Welt. Und darum heißen wir „Anaschim".

Wenn beim Menschen der Bruch der Sicht kommt, heißt er Enosch und biblisch ist er dann in seinem 31. Jahr.

22. Enosch's 31. Jahr fällt gemäß der biblischen Zeit-rechnung ins 266. Jahr. Die awoda sara, der Bruch der Einheit, beherrscht die Welt bis zum Jahr 1536, also 1270 Jahre lang. Im biblischen Jahr 1536 ist Noach 480 Jahre; es ist das Jahr, wo Gottes Wort zu ihm kommt, die Mitteilung über die tewa (Arche, aber zugleich „Wort")(sh.„Bauplan"). Die Welt besteht dann noch 120 Jahre, die Zeit während welcher die tewa gebaut wird. Dieser Bau der tewa ist die „eins" gegenüber der „vier" von Noachs Jahren, die dem Kommen von Gottes Wort zu ihm vorangehen. Noachs Lebzeit ist die auf das Sprechen Gottes hin angelegte.

Diese 1270 Jahre sind ein absoluter Begriff. Er steht für die Menschheit in ihrer Leiblichkeit, in ihrer Äußer-lichkeit. Es ist der Zustand, wo das „Weibliche" ent-steht, wo die Umhüllung zum Zielpunkt wird, wo man beginnt sich nach der Wahrnehmung zu orientieren. Es ist die Zeit des Kajin-Menschen, die Zeit der Herrschaft des ra (des Bösen) (sh. „Jonah"). Dann werden dem Menschen die „Töchter" geboren. Nicht der ben (der Sohn), vielmehr die bath (die Tochter) [27].

Darum ist auch der Wert in der Welt der Zahlen des Verses Gen. 6 : 1 gleich 1270, nämlich 6-10-5-10 20-10 5-8-30 5-1-4-40 30-200-2 70-30 80-50-10 5-1-4-40-5 6-2-50-6-400 10-30-4-6 30-5-40. Wenn das sich mit dem Menschen zu ereignen beginnt, dann drückt sich ihm diese 1270 aus. Wenn aber die 1270 voll sind, dann trifft die „eins" des Worts ein. Für die Welt ist es die Phase zwischen 266 und 1536.

Die 1270 ist die „elef ra", die Tausend, welche böse (ra), also 200-70 sind. Damit ist es aber auch die „alef ra", die Einheit des ra: der Kern des ra. Das ist, wenn die „eins" bricht. Dann tritt das Äußerliche auf den Plan, es kommen die „Töchter". Es sind diese „Töchter", welche die Söhne Gottes, den Menschen im Ebenbild Gottes, zu sich ziehen, hinreißen zur Mabul.

Im Vers Gen. 6:1 wird das Geheimnis der Zahl 1270 erzählt, wie sich diese im Menschen ausdrückt.

23. In dieser Phase des Menschen setzt das Säen und Ernten aus[13], mit andern Worten, Hunger kommt. Der Himmel hält die Antwort zurück. Der Mensch bleibt von jeder Verbindung mit dem Himmel, mit der andern Welt, abgeschnitten. Das Geheimnis in der Erde verdorrt. Man weiß nicht, was der Sinn des Wachsens, des ra, ist. (Man erinnere sich des Wortes für Samen, sera (7-200-70), welches eigentlich bedeuten könnte „dies ist böse"). Der Same bleibt als Geheimnis im Schoß der Erde eingeschlossen. Eine Ernte findet nicht statt. Kazir (Ernte) (100-90-10-200) hat den Wert 400. Alles ist dann vollbracht. Das Exil (man denke an die 400 Jahre in Ägypten) ist zu Ende. Die Ernte bedeutet, daß man das Geheimnis zum Vorschein kommen sieht; man sieht dann wie das Geheimnis dem Leben die Möglichkeit der Entfaltung gibt, sodaß man dies Leben aus dem Geheimnis aufnehmen, es mit seinem eigenen Sein vereinigen kann. Man kann es, dank des offenbarten Geheim-

nisses, ,,essen'', ,,eins-machen'' mit sich selbst, es zur Vollendung bringen.

Das Wort kazir, das Ernte bedeutet, hat in sich den Begriff kez (100-90), Ende. Und die Wurzel 100-90-200 hat den Sinn ,,kurz'' oder kürzer machen. Die Ernte *ist* ein Ende und die Ernte macht den Weg kürzer. Sie bringt das Kosten des Geschmacks näher, wenn das Geheimnis sich entfaltet hat und es der Mensch zu sich nimmt. Sera und kazir, Säen und Ernten (Gen. 8: 22), kann nur zustande kommen, wenn es Regen gibt. Der Himmel muß es möglich machen. Das Korn auf dem Felde, das irdische Wachsen ist ein Ausdruck des wesentlichen Sprießens und Reifens. Die Frucht kommt aus dem Geheimnis und, wenn sie reif ist, wird sie eingebracht. Was der Mensch unten tut, ist Ausdruck dessen, was der Mensch oben verrichtet.

Wenn der Mensch die Einheit Gottes leugnet und verdrängt, dann entsteht dieser Hunger. Das liegt der biblischen Hungersnot zugrunde. Sie nimmt ihren Anfang beim Nehmen vom Baum der Erkenntnis, und sie erhält ihre volle Wucht bei Enosch.

Bei solch einer Hungersnot wachsen ,,Dornen und Disteln'', koz und dardar (Gen. 3:18), geschrieben 100-6-90 und 4-200-4-200 und in ihrem vollen Wert zusammen 2200 bildend (186-22-104 und 434-510-434-510). Die 22 aber ist der Begriff der Verbannung (sh. ,,Bauplan''). Die Welt ist umhüllt, sodaß man die Wahrheit nicht mehr erkennt. Das ist die Verbannung.

24. Kenan ist der vierte. Er tritt im biblischen Jahr 325 auf den Plan. Enosch hat dann sowohl die 30 hinter sich, worin er die ,,eins'' noch kennt, als auch die 60,

67

die gekennzeichnet sind durch den Verlust der Einheit. Das Verhältnis ist das von 1:2, es ist das Entstehen der Spaltung (sh. ,,Bauplan"). Beim Kommen Kenans ist Enosch also 90 Jahre.

Wenn Kenan 40 Jahre wird, kennt er die ganze Weisheit. Er regiert dann über die Welt, und er unterweist den Menschen in Weisheit und Erkenntnis. Sein Gebieten erstreckt sich auch auf die Geister und Dämonen[13]. Es sind die ruchoth (200-6-8-6-400) und die schedim (300-4-10-40). Das sind die Kräfte der Erde, die Kräfte der ,,alten Welten", von *vor dieser* Schöpfung. Ihr Wert in der Zahlenwelt ist 620 und 354, also 974, die Zahl der alten Welten. Es wird gesagt, daß vor dieser Schöpfung 974 Welten sind (sh. ,,Bauplan").

Kenan weiß durch dies alles, daß am Ende der Tage die Mabul (Sintflut) kommen wird, welche die noch sichtbare Welt durch das Wasser überdecken wird. Die Zeit wird alles überspülen, alles wird in ihren Fluß geraten. Dies Wissen verewigt Kenan in Stein und diese Steine legt er zu seinen übrigen Schätzen. Daß Kenans Mitteilungen in Stein aufbewahrt sind bedeutet, daß sie für immer gelten und daß sie jedermann auch in sich trägt.

Es ist das Wissen des Menschen, das er besitzt, wenn bei ihm die 40 vollendet sind. Eine andere Überlieferung[28] erzählt, daß auch in den Tagen Kenans 1/3 der Welt vergeht, indem das Weltmeer es verschlingt. Das ist abermals ein Wegnehmen, ein Verbergen der 1, sodaß die 2 allein bleibt.

Es wird auch gesagt, daß Kenan sein ,,Grab" auf einer Insel des Landes Hodu hat[28] (mehr über Hodu in ,,Esther").

25. Wenn Kenan 70 Jahre zählt, im Jahr 395 also, erhält er 3 Söhne und 2 Töchter[13]. Der älteste ist Mahalalel (40-5-30-30-1-30), der zweite Enan (70-10-50-50) und der dritte Morad (40-200-4). Die beiden Töchter sind Adah (70-4-5) und Zillah (90-30-5) (sh. Gen. 4:19).

Diese Namen sind in der Zahlen-Sphäre somit 560 und 204. Zusammen mit dem Namen Kenan (100-10-50-50) formen sie wieder 974, den Begriff der Vor-Welten. Kenan hat sein Wissen von dorther. Zusammen mit seinen Kindern bildet er auch die Sechsheit.

26. Die beiden Töchter Kenans werden die beiden Frauen Lemechs, des Sohns Mesuschaels. Lemech ist das sechste Geschlecht Kajins.

Adah gebiert als ersten Sohn Jawal und als zweiten Juwal. Doch Zillah ist unfruchtbar. In dieser Phase kommt die Sünde über den Menschen im Zusammenhang mit der ersten Mizwah, der grundlegenden für die Schöpfung; es ist die des „pru urewu" (sh. „Bauplan"), des „seid fruchtbar und mehret euch". Wenn die Menschen den Sinn des pru urewu nicht mehr begreifen, bedeutet das, daß nicht mehr erkannt wird, daß der Weg durch das Leben zum Ziel, zur 500, führen muß. Pru urewu, 80-200-6 6-200-2-6, ist ja 500. Ins pru urewu darf nichts einfließen, das einzig diese Welt, die 400, befriedigt. Das pru urewu ist auf die 500 hin angelegt, auf das was die 400 durchbricht und hinter sich läßt.

Der Mensch in dieser Phase der Verbindung des Geschlechts im Ebenbild Gottes mit dem Geschlecht Kajins, dem des Äußerlichen, hat in die Frau die Zweiheit gebracht, charakterisiert durch Adah und Zillah. Die eine Seite läßt er das pru urewu erfüllen. Der verborgene Wert von Adah ist dann auch die 500. Vom vollen Wert von 579 (130-434-15) ist der äußere 79 (70-4-5) abzuziehen. Im Fall von Zillah ist der verborgene Wert 68, der Begriff chas (8-60), das ,,Gott verhüte''. 104-74-15 ist 193 und 90-30-5 ist 125. Die andere Seite, die Zillah-Seite, gebraucht er für Wollust. Der Mensch verabreicht Zillah einen Trank, welcher verhindert, daß Kinder kommen. Die Frau bleibt dadurch in ihrer Erscheinung bildschön und bewahrt ihr jugendliches Aussehen. Die Frau, welche die Kinder gebiert, ist in den Augen des Mannes dann häßlich. Ihr Leben macht sie dadurch ungeliebt, läßt sie wie eine Witwe oder Verstossene werden. Die Phantasie des Mannes wird von der andern Frau angezogen, die für ihn das Instrument seiner Wollust ist und an der er darum hängt[13]. Die Welt Kajins geht schließlich daran zugrunde.

27. Der Name Adah ist die weibliche Form von ed (70-4), Zeuge. Adah ist der Zeuge für die 500. Der Name Zillah ist die weibliche Form von Zel (90-30), Schatten. Sie könnte der Schatten sein, aber sie wird ihrer Bestimmung entfremdet. So wie der Mensch geschaffen ist, sollte er der Schatten Gottes sein. Da Zillah aber nur für die körperliche Wollust gebraucht wird, wird sie die Ursache des Untergangs der Welt des Körperlichen, der Kajinswelt. Auf sie ist es ja zurückzuführen — auch

auf dem Weg über Tubal Kajin — daß Lemech seinen Ursprung umbringt. Lemech tötet Kajin (sh. ,,Bauplan"). Der Mensch, der mit ,,dem Schatten Gottes" sein Spiel treibt, mit dem wahren Ursprung des Menschen, beschwört über sich selbst das Ende herauf, wie auch über seine Welt. Adah zeugt vom Wunder der 500, sie wird ihrem Ursprung und ihrer Bestimmung gerecht.

28. Der volle Wert von Adah (579) erreicht $3\times$ den vollen Wert von Zillah (193). In der 4-heit der Frauen nimmt Adah die Stelle der 3. ein, der bleibenden. Als vierter Teil ist Zillah das typisch Äußerlich-Weibliche. Zillah leidet unter dieser Behandlung sehr. Ihre Bestimmung wird durchkreuzt. Jedes Kind, das hätte geboren werden können, und dessen Kommen *verhindert* wird, weil die Frau durch den Mann ihrer Bestimmung entzogen wird, untergräbt die Existenz der Welt. Zillahs Leiden geschieht auf der Ebene des Wesentlichen. In der Welt der Erscheinungen geht auch sie auf in der Wollust und im Übermut um ihre äußerliche Anziehungskraft. *Ebendas* bewirkt, daß die Frau in ihrem wirklichen Zustand leidet.

29. Wenn Zillah alt ist und keine Kinder mehr bekommen kann, wirkt Gott ein Wunder. Sie wird schwanger und gebiert den Sohn Tubal Kajin. Und ein zweites Mal wird sie schwanger und gebiert die Tochter Naahmah. Denn sie sagt: nachdem bei mir die Weise der Frauen aufgehört hat, widerfährt mir dieses hoch Willkommene (Naamah hat als Stamm den Begriff angenehm, lieblich)[13]

Und Lemech veranlaßt diesen Sohn von Zillah, Tubal Kajin [29] (sh. auch „Bauplan"), Kajin umzubringen. Solches ereignet sich dann, wenn man die Frau verkennt und mit ihr verfährt wie mit Zillah. Der Mensch in der Phase von Lemech bringt die Frau in diesen Zustand, er erkennt die Welt in ihrer Erscheinung in diese Zweiheit, und damit ist der Untergang der Welt unvermeidlich. So sieht Kenan, der Vater Adahs und Zillahs, den Welt-Untergang kommen. Mit all seiner Weisheit verbindet er sich mit dem Kajin-Geschlecht und bringt damit den Welt-Untergang mit der Mabul herbei.

30. Zillah ist auch die Mutter Schimschons (300-40-300-6-50). Sie heißt dann Zellalphunis (90-30-30-80-6-50-10-400) [30]. Beider Zahlenwert ist identisch, 696.

Wie das bei Tubal Kajin, ihrem Sohn, geschieht, so geht auch mit Schimschon eine Welt zugrunde. In beiden Fällen steht das Körperliche im Vordergrund. Darum ist auch Zillah nun mit dem neuen Namen die Mutter Schimschons.

31. Der Gilgul von Lemech ist Elkanah, der Zillahs ist Chanah (1. Sam. 1). Peninah, Elkanahs andere Frau, ist ein Gilgul von Adah [30]. So sind diese drei wieder beisammen. Peninah hat die vielen Kinder, während Chanah immer kinderlos bleibt. Zillahs Leiden bringt sie nun auf eine andere Ebene. Ihr Sohn, vereint mit ihrem Mann Lemech, haben die Welt zum Untergang gebracht. Anstelle von Lemech kommt nun Elkanah, aber anstelle von Zillah Chanah, und ihr Sohn Samuel wird der Mann Gottes, der David zum König salbt. [30]

32. Ein Gilgul Lemechs ist auch der König Saul[30]. Im Leben Sauls bezahlt Lemech seine Schuld, die er wegen des Mißbrauchs seiner Frau trug. Durch Zillah wurde Lemech schließlich auch Vater Tubal Kajins, durch den ihm Kajin als Tier gezeigt wurde, worauf Lemech Kajin wie ein Tier erlegt und dann auch Tubal Kajin tötet. Die 70 und 7 stehen zwischen Lemech und Saul[30]. Auch hier ist Lemech auf der Körperseite; Saul ist ja aus Benjamin, von Rachel (sh. ,,Bauplan'').

33. Im biblischen Jahr 395 kommt Mahalalel, welchem in seinem 65. Jahr, 460 also, sein Sohn Jered wird. Wenn Jered 72 Jahre zählt, 532, geschieht in der Welt eine große Umkehr. Während allen 532 Jahren, bis zu diesem Moment, begannen Sonne und Mond ihren Weg aus demselben Punkt. Von da an ist ihnen ein verschiedener Punkt angewiesen, von dem sie ausgehen und zu dem sie zurückkehren. Jered ist das sechste Geschlecht und dann geschieht dies[31].

34. Chanoch (meist als Henoch wiedergegeben) wird im biblischen Jahr 622 geboren. Sein Sohn Mesuschelach (Methusalem) im Jahr 687. Dieser Sohn Mesuschelach ist ein großer Zadik, er ist die 8. Generation des Menschen, der Sohn des 7., Chanochs. Mesuschelachs Worte waren alle Gleichnisse zur Ehre Gottes. Er lehrte 900 Abschnitte der Mischnah, der mündlichen Thora [32].

35. Mesuschelach (Methusalem) hat ein Schwert, in welchem der volle Name Gottes eingraviert ist. Jeden Tag tötet er damit 500 masikim und schedim. Masikim sind böse Geister, verderbende, störende Mächte; schedim sind Dämonen.

Eine andere Überlieferung erzählt [34], daß er jeden Tag 1000 masikim mit dem Schwert tötet. Dies Schwert geht über auf Abraham, und dann an Jizchak und an Jakob. Jakob empfängt es von Esow, wenn dieser ihm seine Erstgeburt überträgt. Dies ist auch das Schwert, auf das Jakob anspielt in Gen. 48:22.

36. Wenn Chanoch Mesuschelach bekommt, ist er 65 Jahre alt. Von da an geht er die Wege Gottes. Er verläßt die Wege der Menschen, welche die Wege des ra sind, und er vertieft sich in da-ath, Erkenntnis, und in binah, Einsicht. Und er scheidet seine Wege und sein Leben von den Menschen und verbirgt sich lange Zeit vor ihnen [13].

74

Nach langer Zeit, als er tefillah (sh. „Esther") tut vor Gott (d.h. vor Gott betet) in seiner Zurückgezogenheit, kommt eine Stimme eines Engels Gottes, eines malach ha-Schem, zu ihm, welche ihn auffordert aus seiner Verborgenheit herauszutreten, zu den Menschen zu gehen, um sie die Wege zu lehren, die sie gehen sollten. So kommen alle Menschen zu Chanoch und sie machen ihn zu ihrem König. Chanoch lehrt sie die Weisheit (chochmah) Gottes und die Wege Gottes und die Menschen dienen Gott alle Tage Chanochs[13].

Es kommen auch alle Könige und Machthaber, 130 an Zahl, zu Chanoch und fordern ihn auf über sie zu herrschen. Es sind alle Könige, die früheren und die späteren, und er lehrt auch sie alles und bringt Frieden über sie[13].

So regiert Chanoch 243 Jahre über die Menschheit. Seine Söhne sind Mesuschelach, Elischua und Elimelech. Die Töchter sind Milkah und Na-amah[13].

37. Im Jahr 874 wird dem Mesuschelach der Sohn Lemech (30-40-20) geboren. Man beachte die Verwandtschaft dieser Namen mit den Namen der Kajinslinie. Die Namen Chanoch und Lemech sind in beiden Genealogien dieselben. Kajin geht in Kenan auf (100-10-50 und 100-10-50-50), Mesuschael steht Mesuschelach gegenüber (40-400-6-300-1-30 und 40-400-6-300-30-8), Mechujael dem Mehalalel (40-8-6-10-1-30 und 40-5-30-30-1-30). In der Linie mit Kajin äußern sich diese Wesensmerkmale des Menschen auf diese Weise, in der Linie, die von Scheth ausgeht, äußern sie sich auf andere Weise. Es ist der Mensch von zwei Seiten. Auch die Schöpfung verteilt sich ja auf zwei Seiten. Die drei

Söhne des Endes sind in der Linie Kajins Jawal, Juwal und Tubal Kajin. Bei Scheth sind es die drei Noach-Söhne Schem, Cham und Japheth. Tubal Kajin führt den Fall und den Tod herbei. In der andern Linie ist Cham der Angreifer, der Eigenmächtige. So sind es auch die Kinder Chams, die sieben Völker Kanaans, die das Land Gottes einnehmen und besetzen, und die über die andern Tod und Verbannung bringen.

38. Wenn Adam 930 stirbt, zählt Lemech 56 Jahre. Chanoch ist von da an noch 57 Jahre auf Erden, bis in sein 58. Jahr. Mesuschelach zählt dann 243 Jahre, entsprechend der Dauer der Herrschaft Chanochs.

Adam wird durch Scheth und seine Söhne und durch Mesuschelach und seinen Vater Chanoch begraben in der doppelten Höhle (meorath ha-machpelah)[13].

Eine andere Überlieferung erzählt, daß Gott selbst Adam begräbt[35].

Wieder eine andere Überlieferung berichtet, daß Chanoch Adam begräbt[36].

39. Seit dem Geschlecht Enoschs wird der Körper nach dem Tod durch rimah und tola-ath (die Würmer, alles, was die Verwesung des Leichnams bewirkt) weggenommen[32] (sh. auch „Jonah"). Das hängt mit dem Fall des Menschen in seiner Enosch-Phase zusammen.

Die Überlieferung erzählt, daß mit Enosch 4 Dinge sich verändern:

1) Die Berge werden hart, es kommen Felsen. 2) Die Verwesung beim Tod. 3) Die Gesichter sagen nichts mehr, werden hohl, wie wenn sie nicht da wären.

Andere sagen, daß die Menschen auszusehen beginnen wie Affen. 4) Man überantwortet das „Gemeine, Gewöhnliche", die Welt, diese Erscheinungsform, den Masikim, den bösen Geistern, man sieht sie unter dem Vorzeichen der Verderber[32].

Adam ist der erste, welcher dem Tod begegnet. Es ist also der Begriff 930, als 130 und 800.

40. Wenn Chanoch 352 Jahre ist, im Jahr 974, wird seine Tochter Na-amah geboren. Sie wird die Frau Noachs[13].

Denselben Namen Na-amah trägt auch die Tochter Lemechs und Zillahs in der menschlichen Linie Kajins. Von jener Na-amah Lemechs wird erzählt[32], daß sie mit ihrer „Lieblichkeit" den Rhythmus und den Gesang für die awodah sara, den Götzendienst, zustandekommen läßt.

41. In den Tagen der Geburt Na-amahs, beschließt Chanoch erneut sich von den Menschen abzusondern. Er hält sich drei Tage verborgen und am vierten offenbart er sich den Menschen und läßt ihnen weitere Belehrung zuteil werden. Während der drei Tage tut er gegenüber Gott Tefillah (Gebet), am vierten aber erzählt er den Menschen von den Wegen Gottes.

Dies übt er lange Zeit. Dann dehnt er seine Absonderung auf sechs Tage aus und offenbart sich am siebten Tag. Fortschreitend wird seine Anwesenheit bei den Menschen auf einen Tag im Monat verkürzt und schließlich auf einen Tag im Jahr. Da aber die Verbergung zu stark wird, kommen die Könige und die Machthaber mit allen Menschen, alle vereint kommen sie zu ihm, denn man wagt nicht in kleineren Gruppen zu kommen, weil vom Gesicht Chanochs das Göttliche strahlt. Und was er nun lehrt ist so herrlich, groß und tiefgehend, daß man es kaum fassen kann. Und der Ruf erschallt: ,,es lebe der König!''

Dann kommt ein Engel vom Himmel und sagt ihm aufzusteigen zum Himmel um daselbst über die Söhne Gottes zu herrschen, wie er unten herrscht über die Söhne des Menschen. Das vernehmend, versammelt er alle Menschen und eröffnet ihnen, daß von ihm verlangt wird, in den Himmel einzugehen und daß er den Tag seines Scheidens nicht kennt. Er lehrt dann die Menschen das tiefste Geheimnis des Sinns der Welt und des Lebens. Das dauert etliche Tage. Dann sehen die Menschen die Gestalt eines großen Pferdes aus dem Himmel herabkommen, und sie machen Chanoch davon Mitteilung. Er sagt, daß das ihm gilt und daß seine Zeit nun gekommen ist. Das Pferd berührt die Erde und stellt sich neben Chanoch. Noch einmal ruft er aus, daß jeder, der sich mehr von den Wegen Gottes will lehren lassen, herbeitreten kann, und es kommen alle Menschen und ihre Könige. Dann besteigt Chanoch das Pferd und dasselbe setzt sich in Bewegung. Man folgt ihm in Scharen. Die Zahl der ihm Folgenden wird als 800000 genannt. Einen Tag lang folgt man ihm.

Dann weist sie Chanoch an zurückzukehren, auf daß sie nicht des Todes würden. Viele kehren dann um. Andere folgen ihm weitere sechs Tage. Jeden Tag ermahnt er sie umzukehren, da sie anders sterben würden. Doch sie wollen sich nicht von ihm trennen. Am sechsten Tag wiederholt er seine Aufforderung an sie, nun

wegzugehen, denn am folgenden Tage werde er aufsteigen und jeder, der davon Zeuge werde, müsse sterben.
Nochmals schieden viele von ihm und kehrten zurück.
Aber stets noch harrten welche bei ihm aus. Sie sagen:
wir werden gehen, wo du hingehst und einzig der Tod
wird uns scheiden können, dieselben Worte gebrau-
chend wie Ruth. Als Chanoch sah, daß sie nicht von ihm
abließen, hörte er auf mit ihnen zu reden und sie folgten
ihm weiter.

Die Könige aber, welche zurückgeblieben waren,
wollten die Zahl derer kennen, welche mit Chanoch
gegangen waren. Am siebten Tag ging Chanoch mit dem
Feuerpferd in einem Sturm in den Himmel. Am achten
Tag ging man hin zu sehen, wieviele Menschen Chanoch
bis zuletzt gefolgt waren. Doch man fand die ganze Erde
mit Schnee bedeckt, auf der Fläche des Schnees aber
große Steine, Steine von Eis. Man suchte unter diesem
allem, und man fand die Übriggebliebenen, doch sie
haben keine Zahl. Auch Chanoch konnte nicht mehr
von denen, die unterwegs umgekehrt waren, gefunden
werden [13].

42. Chanochs Aufsteigen zum Himmel findet im biblischen Jahr 987 statt. Der Sohn Mesuschelach zählt dann
300 Jahre.

Die Überlieferung erzählt, daß Chanoch geteilt war [37].
Zu einer Zeit ist er ein Zadik und zu einer anderen ein
Roscho, ein Übeltäter. Das bringt Heuchelei mit sich. Er
ist ja der siebte, und im siebten ist die Zweiheit anwe-

send; die Zweiheit ist eingeschaffen, damit der Mensch nach der Einheit verlange. Gott nimmt ihn weg, wenn er ein Zadik ist, damit er nicht zur Bosheit kommen kann. Das ist auch der Sinn des Alt-werdens und Sterbens in der Welt des siebten Tages.

Chanoch führt große Kriege mit den Menschen des Kajingeschlechts [15].

43. Chanoch erkennt und lehrt die Menschen die Bedeutung der Sterne, er belehrt sie darüber, wie sie ihr Leben und ihr Tun und Lassen anhand dieses Wissens einrichten können, in Übereinstimmung mit dem Wissen des Geschehens im Weltall und in der gesamten Schöpfung. Er lehrt die Bedeutung der Mannigfaltigkeit der Heerscharen. Für den einen ist das eine gut, für den andern aber wieder etwas anderes. Er macht auf die Gefahr gewisser Lebensweisen aufmerksam und bestimmt das Verhalten je nach Platz und Abstammung. Er lehrt den Sinn des Korbans. Er unterteilt die Menschen in 3 Gruppen: die Priester, die Könige und das gewöhnliche Volk [38].

44. Uriel kommt in Chanoch in diese Welt. Schon bei Adam ist er anwesend und wenn die Neschamah bei Adam weggeht wird Chanoch dadurch beseelt. Chanoch ist mit dem Engel Metatron identisch [36].

Chanoch hat die Neschamah Adams und ist darum ein Engel. Elijahu nimmt das Geheimnis des Ruach Aziluth Adams in sich auf (sh. ,,Leben im Diesseits und Jenseits''). Die Nefesch Adams nehmen Kajin und Hewel um damit den tikkun zu machen. Das Teil Kajins davon findet ein

Gilgul in Kenan und Mehalalel, wie in Nadaw und Awihu und von diesen übernimmt es Pinchas. Das ist der Sinn des Ausdrucks „teme-im le-nefesch Adam", „unrein an der Seele eines Menschen". Mit Adam ist dabei auch buchstäblich Adam gemeint [39].

Chanoch hat 3 Gilgulim: in Elieser, in Josef und in Jehoschua [39].

45. Als Chanoch zum Himmel aufgestiegen war, kamen alle Könige der Welt und salbten Mesuschelach zum König an seines Vaters statt. Er regierte über die Welt und tat alles Gute in den Augen Gottes. Er lehrte die Menschen Chochmah und Da-ath, Weisheit und Erkenntnis, und Jirath ha-Schem, Ehrfurcht vor Gott, alle seine Tage.

Jedoch am Ende seiner Tage wichen die Menschen ab von den Wegen Gottes, sie raubten und übten Gewalttat, empörten sich gegen Gott und verdarben ihre Wege. Das hatte zur Folge, daß wieder sera und kazir aufhörten, Säen und Ernten wurden unmöglich. Was man auch aussäte, es kamen einzig koz we-dardar auf, Dornen und Disteln, die man ja nicht gesät hatte. Dennoch — über diesen Zustand hinwegsehend — hielten die Menschen an ihren schlechten Wegen fest. Und Gott bereute, daß Er die Menschen gemacht hatte [13].

46. Neun kommen lebend in den Garten Eden „nach" diesem Leben. Es sind: Chanoch, der Maschiach, Elijahu, Elieser (der Knecht Abrahams), der Knecht des Königs von Kusch, Chiram der König von Zur, Jabez der Sohn Jehuda ha-Nassis (des Kodifikators der Mischna), Serach die Tochter Aschers, und Bathja die Tochter

Pharaos. Einige sagen, daß Chiram nicht zu ihnen gehört, weil er sich selbst für einen Gott hielt, nachdem er den Tempel Salomohs hatte bauen helfen[40].

47. Wenn Lemech 181 Jahre alt ist, 1055, nimmt er Aschmua, Tochter Elischuas, des Sohns Chanochs, seine Tante, zur Frau. Sie gebiert ein Kind, und Mesuschelach nennt ihn Noach. Sein Vater aber gibt ihm den Namen Menachem, Tröster[13].

48. Der Name Noach wird ihm, weil die Erde, die Welt, in seinen Tagen zur Ruhe kommt. Nach, 50-8, ist Ruhe. Auf ihrem Weg zum Verderben kommt sie zur Ruhe.

Den Namen Menachem, Tröster, erhält er, weil in seinen Tagen das Säen wieder, wiewohl noch zu kargem, Ernten führt. Dennoch blieben die Menschen, trotz dieses Wunders, daß das Gesäte, das Verborgene, eine Ernte ermöglichte, auf ihren Wegen des ra[13].

Der Name Noach steht auch in Zusammenhang mit der Tatsache, daß er der Erste ist, welcher nach dem Tod Adams und Scheths zur Welt kommt[13].

Adam und Scheth sind die Einzigen, von denen die Gleichheit mit Gott vermerkt wird. Bei der Geburt Noachs wird ausdrücklich das Wort Sohn gebraucht, welches bei der Geburt der anderen Geschlechter fehlt. Noach ist wieder der Mensch, wie er im Ursprung ist (sh. Gen. 5: 28 und Gen. 5: 3).

49. Alle Menschen, welche vor Noach geboren werden, haben die Finger jeder Hand zusammengewachsen. Mit Noach werden erstmals die Finger in ihrer Aufteilung in

Daumen und vier Finger sichtbar ausgestaltet [42]. Man kann die Erde nicht bearbeiten, solange die Hand noch nicht die Finger kennt. Das Bearbeiten der Erde ist nicht nur das Handhaben von Pflug und Hacke, wenn das auch darin eingeschlossen ist, doch überhaupt das Erwirken von Früchten aus dem Kontakt mit der Welt. Solange das Wunder der 1-4 noch nicht offenbart ist, kann die Welt nicht zum Menschen sprechen und kann er aus dieser Schöpfung keine Früchte erhalten. Mit Noach (mit der 58, der nun-cheth) offenbart sich die 1-4 und *das* ist es, was den Vater Lemech und den Großvater Mesuschelach so ergreift, wenn sie die geöffneten Finger wahrnehmen. In der Tat beginnt für die Welt mit dem Bekanntwerden der 1-4 eine neue entscheidende Phase. Nun kann die Erde Früchte hervorbringen, die Früchte, auf die hin sie geschaffen ist. Sind nicht der Baum des Lebens und der Baum der Erkenntnis auch diese 1-4 Früchte (sh. ,,Bauplan''). Es sind ja die Paradiesfrüchte. Das 1-4-Verhältnis dieser Bäume drückt sich nun im Menschen aus, in all seinem Tun.

50. Noach ist der Mensch, welcher die kelim, die Geräte, mit denen er die Erde bearbeitet, verbessert. Er gibt ihnen den tikkun [43]. Das kann er, weil ihm doch die 1-4 gezeigt ist. Damit kann er das Instrumentarium verbessern, womit man die Früchte dieser Welt hervorbringen kann. Auf das Aneignen dieser Früchte hin ist die Welt doch dem Menschen gegeben. Das zehnte Schöpfungswort, das abschließende, sagt es. Der Mensch nehme in sich auf, was die Erde am dritten Tag — mit dem vierten Schöpfungswort — zu geben hat. Die Erde

gibt diese beiden „Bäume", den „Baum der Frucht ist und Frucht macht" und den „Baum der Frucht macht", den Baum des Lebens und den Baum der Erkenntnis. Das ist auch „Werk" des Menschen im Garten Eden, das Wirken mit der 1-4.

Man muß sich nur einmal vorstellen, was es bedeutet, daß einem die 1-4 offenbart wurde. Jeder Mensch erfährt das, wenn er den Noach, die 58, erreicht.

51. Das Geschlecht Noachs, seine „Zeitgenossen", haben noch Adam gekannt. Sein Vater und sein Großvater, ja sogar Enosch leben noch zu Noachs Zeiten. Noach erlebt aber auch noch Abraham. Er ist in der Lage ihm persönlich die Kenntnis Enoschs und der Geschlechter, die von Adam gelehrt wurden, zu überliefern. Noachs Sohn, Schem, ist Lehrer Jakobs. Die Kette ist somit dicht verflochten, die Überlieferung erstreckt sich zurück bis zum Anfang. Und das ist bei jedem Menschen so.

52. Die Menschen vom Geschlecht Noachs gingen schlechte Wege. Jeder machte sich seinen eigenen Gott, man beging Raub und übte Bedrückung. Man erniedrigt das, was den Menschen ausmacht, indem man das Weibliche mißbraucht [13]. Man erkennt nicht wozu die Frau kam, daß sie nämlich mit dem Mann eine Einheit bildet. Man beginnt Frauen zu jagen und zu rauben. Die Frau kommt einem vor als etwas bloß Leibliches. Man läßt sie wie ein Tier gelten und billigt ihr nicht die Anwendung anderer Maßstäbe zu.

Der Mensch verdirbt so auch das Tier. Auch die Tiere kommen nun auf schlechte Wege. Wenn das geschieht, kann die Welt nicht dauern, sie muß zu einem Ende kommen. Gott nimmt nunmehr die guten Menschen, die Zadikim, weg von der Welt. Er entrückt sie bevor dieses Ende mit der Mabul kommt[13]. Wenn die Welt leer gemacht wird von Zadikim, dann deutet das darauf hin, daß die Mabul eintrifft, die Mabul als das unaufhaltsame Fließen, als der Untergang in der Zeit. Noach bleibt dann als Einziger, als der Einsame, Unverstandene; er ist das Glied in der Kette, welches dem Leben die Fortsetzung in die kommende, neue Welt hinein gewährt.

53. In dieser Zeit sterben die Menschen Enosch (1140), Kenan (1235), Mahalalel (1290), Jered (1422). Lemech stirbt 1651, womit also nur noch Mesuschelach übrig bleibt.

1536, noch zu Lebzeiten Lemechs, ruft Gott Noach und Mesuschelach und trägt ihnen auf, zu allen Menschen zu reden und sie auf den guten Weg hinzuweisen, um sie damit von ihrer Verderbnis abzuwenden. Gott wird dann, wenn sie zurückkehren, alles noch zum Guten wenden. Gott sagt: ,,Siehe ich gebe euch noch die Zeit von 120 Jahren. Wenn ihr umkehrt, dann bleibt diese Welt; wenn nicht, dann kommt ihr Ende."

Diese 120 Jahre sind die Jahre des Menschen in dieser untersten Welt. Er hat das Vorige schon mitgemacht und wird somit 1536 hier geboren. Jedem Menschen geschieht das in dieser Hinsicht. Noach zählt dann 480 Jahre. Die 4 seines Lebens sind erfüllt. Der Mensch hier erfährt Noach in seiner ,,1".

Darum erzählt die Überlieferung[13], daß Noach und Mesuschelach jeden Tag beim Erwachen der Menschen, ihnen zusprechen, um ihnen ihre Wege bewußt zu machen und sie vom guten Weg zu überzeugen. Es ist ein eindringliches Gespräch, das alle Jahre des Menschenlebens hier auf Erden andauert und an jedem neuen Tag fortgesetzt wird. Noach ist die ,,eins'' in diesen 120 Jahren (sh. ,,Bauplan'').

Doch die Menschen hören nicht. Sie stellen dumme Fragen, sie erweisen sich vielmehr als aufsässig in ihrem Eigensinn und ihrer Hartnäckigkeit im Bösen. So ist der Mensch in seinem Leben hier. Er verschließt sein Ohr. Und doch sprechen Noach und Mesuschelach ihm täglich zu und wollen ihn überzeugen.

Er meint es besser zu wissen und so geht er dem Ende seiner persönlichen 120 Jahre entgegen. Noach ist ihm Zeuge mit seiner 1-4, welche mit ihm als Offenbarung in diese Welt kommt. Mit ihm kommt die 1-4 und die 58.

54. Noach nimmt keine Frau, denn er weiß, daß die Welt am Ende der 120 Jahre untergehen wird. Söhne haben dann keinen Sinn [13]. Solange ist er nur innerlich, ohne Frau, ohne Erscheinung hier. Die Erscheinung meidet er, denn Erscheinung ist der Zeit unterworfen. Die Folge der Zeiten aber sind die Söhne, das Ende der Zeitenfolge aber ist das Hinschwinden in den Tod. Noach nimmt keine Frau, um diesen Tod zu vermeiden.

55. Eine andere Überlieferung [15] erzählt, daß Noach sich mit all seiner Kraft bemüht die Menschen zu lehren und zu überzeugen. Doch sie glauben ihm nicht. Er beginnt schließlich zu fürchten, daß sie ihn töten werden. Denn sein Mahnen stört sie in ihren Geschäften

und Genüssen. Noach zieht sich zurück und hält sich verborgen. Es ergeht dann Gottes Rede an ihn die Tewah zu bauen.

56. Zu dieser Zeit kommen 2 Engel vor Gott um ihn daran zu erinnern, daß sie doch im Himmel gesagt hätten, daß es besser wäre keinen Menschen zu machen; er werde doch, sündigend, alles in den Untergang reissen. Diese beiden waren Schemchasi (300-40-8-7-1-10) und Asael (70-7-1-30). Gott gibt ihnen zur Antwort, daß sie auf Erden noch schneller und schwerer fallen würden als der Mensch. Sie bestehen dennoch auf ihrem Begehren sich zur Erde begeben zu dürfen. Sie würden daselbst Gottes Namen heiligen, versichern sie. Gott sagt dann „redu": steigt hinab. Herabkommend sündigen sie augenblicks. Das Weibliche, das Äußerliche der Welt, zieht sie an. Schemchasi wirft sein Auge auf ein Mädchen, das den Namen Istahar trägt. Sie willigt ein mit ihm zu gehen, wenn er ihr den „schem hameforasch", den vollen geheimen Gottesnamen mitteilt. Die Kenntnis dieses Namens befähigt zum Himmel aufzusteigen. Schemchasi ist so gepackt durch das Weibliche, daß er selbst diesen Namen preisgibt [44].

In der Wirksamkeit dieses Namens steigt Istahar nun zur Rakia (Firmament; der Name einer der sieben Himmel) empor. Sie tut das aber um der Bosheit auf Erden zu entkommen. Gott belohnt sie dafür, indem Er ihr einen Platz bei den Pleiaden zuweist, bei dem Siebengestirn [44].

Als die beiden Engel das sahen, nahmen sie Frauen von den Menschen und zeugten Kinder. Die Söhne wurden Hiwa und Hia genannt. Asael schwang sich zum Beherrscher der Farben und der Juwelen auf, von alle dem, wodurch Frauen die Männer abbringen von der Einsicht und der Kenntnis des guten Wegs, wodurch sie die Männer verwirren und aufs Irdische lenken[44].

Dann sendet Metatron, der sar ha-pnim, der „Herr des Innersten" — (des Innersten des Palastes Gottes, doch zugleich auch des Innersten im Menschen, der ja als Wohnung Gottes gemacht ist) — einen Engel zu Schemchasi und läßt ihm von der kommenden Mabul erzählen, in der alles untergehen wird, untergehen in der alles überspülenden Zeit. Schemchasi übt Umkehr und hängt sich, das Haupt zur Tiefe gerichtet, die Füße aufwärts zwischen Himmel und Erde auf. Asael aber verfolgt weiter sein verderbendes Werk[44].

Es besteht eine Beziehung zwischen ihm und dem Asasel, der in Lev. 16 erwähnt wird, wohin am Jom Kippur, am zehnten Tag des siebten Monats einer der beiden Se-irim (Ziegenböcke) gesandt wird.

So handelt diese Überlieferung vom Zustand, welcher am Ende besteht. Am Ende treten diese beiden aus der andern Welt auf. Sie verlassen den Himmel, die Erde, diese Welt, zieht sie dann an. Und es erweist sich, daß sie hier schwächer sind als der Mensch, denn sie fallen unmittelbar. Daß sie am Ende kommen, erinnert an die Schedim, welche bei der Schöpfung am Ende des sechsten Tags ihren Einzug halten. Es sind Wesen von einer besonderen Beschaffenheit. Auch bei Noach, der das sechste Hundert seiner Jahre vollendet, ist es ja das Ende des sechsten Tages. Dies ist stets das Merkmal, wenn ein Sechstes zu seinem Ende kommt.

Sie treffen ein und werden von der gewaltigen Wirksamkeit der Verführung, die vom Äußerlichen dieser Welt ausgeht, mühelos verführt. Sie erzählen dieser Welt große Geheimnisse. Istahar ist das Gute in dieser Welt. Sie macht vom Geheimnis Gebrauch, um dieser Welt zu entfliehen. Eigentlich ist es auch ein Verborgenwerden, und es besteht ein Zusammenhang zwischen Istahar und Esther.

Doch bleibt die Asael-Seite dieser Zweiheit bestehen, und sie zieht stets noch am entscheidenden Punkt die Hälfte des Korbans am Jom Kippur an sich. Was Asasel zufällt, das stürzt in die Tiefe und erschellt in unzählige Stücke, noch bevor die Hälfte des Falls durchmessen ist.

Die zwei sind die Einsicht, welche, aus einer andern Welt stammend, über diese Welt kommt. Sie beschleunigt das Eintreffen der Mabul. Denn wenn der Mensch von dieser Einsicht befruchtet wird, dann bringt ihre Verbindung nur noch unheilvollere Kräfte als zuvor schon am Werk waren. Die beiden Engel bilden zusammen den Begriff „Da-ath", die 474 (nämlich als 366 und 108). Es ist dieselbe Art des Erkennens, welche den Menschen am Ende des sechsten Tages hinreißt, zum ez ha-da-ath, dem Baum der Erkenntnis.

Wenn die zwei herabsteigen, dann will das heissen, daß sie menschliche Formen annehmen. Ohne diese Formen kann hier nichts erscheinen. Diese „kalte" Welt bietet nur in der Formwerdung Erscheinungsmöglichkeit.

Im Weggehen Istahars geschieht ein Gleiches wie im Weggehen der Zadikim vor dem Losbrechen der Mabul.

Diese Entrückung ist eine Voraussetzung und ein Merkmal der Mabul.

Schemchasi hängt sich selbst auf. Um in dieser Welt Erfolg zu haben, hat er den Schem, den Namen, verraten. Sein freiwilliger und definitiver Verzicht auf weitere Einwirkung ist Zeichen von Reue. Er ist eine Teschuwah. Sein Haupt ist der Erde zugewandt: er sieht sie beständig, kann sich ihr aber nicht nähern. Er *will* sie auch nicht mehr erreichen, wofür sein Tod Zeuge ist.

Asael bleibt jedoch der Verräter und durch ihn bleibt die Verführung des Irdischen, des Äußerlichen virulent.

So sieht die Welt in ihrer Endphase aus. Aus dem Auftreten dieser zwei Engel kann man sehr viel entnehmen. Es zeigt, wie stark die Anziehungskraft der Erde ist und auch welch eine grandiose Aufgabe dem Menschen hier gestellt ist. Der Mensch kann hier Unglaubliches erreichen und den Sinn des Lebens vollbringen. Wenn er im Kampf durchhält, trotz der Verführung, dann findet er im Sieg die höchste Befriedigung. Denn Noach ist auch dieser Mensch des Endes, und ebenso Methuschelach. Sie beide erringen das Geheimnis, beide erhalten sie das Wort, die tewah. Noach und Methuschelach stehen gegenüber von Schemchasi und Asael.

57. Im Jahr 1554 sagt Gott dem Noach, daß er doch eine Frau nehmen solle, denn seine Söhne würden die Mabul überleben [45]. Das bedeutet, da, nachdem Noach 1536 die Maße und die Struktur des Worts vernommen hat, er 18 Jahre später begreifen kann, daß das Leben doch Bestand hat. Das ist das Geheimnis des Worts „chaj" (8-10), Leben. Wenn man die Struktur

und damit das Geheimnis des Worts kennt, erkennt man auch das Leben, das Weiterleben. Und dann wird einem hier eine Erscheinungsform zuteil, welche *doch* überlebt.

Noach nimmt nun Na-amah, die Tochter Chanochs, zur Frau. Sie zählt in diesem Moment 480 Jahre, gleichviel wie Noach hatte, als er aus der „vier" in die „eins" eintrat, und als ihm von Gott geboten wurde die Tewah zu machen. Wenn der Mann die 18 von seinen 120 erfüllt hat, erhält er die Frau. Wenn er vom Leben weiß, wird die Frau ebenfalls aus der „vier" in die „eins" geholt.

Die Überlieferung [46] sagt darum auch, daß der Mann mit 18 Jahren freit. Dann führt er die Frau in die Gebundenheit der „eins".

Es besteht selbstverständlich ein Zusammenhang zwischen Na-amah, der Schwester Tubal-Kajins und dieser Na-amah, der Tochter Chanochs. Sie ist eine andere Seite von ihr. Im Midrasch Bereschith Rabba sagt R. Abba, daß es die Na-amah Kajins ist; die Rabbanan, das ist die Mehrheit, nach der in diesen Dingen geurteilt wird, sagten, daß es die Na-amah von Chanoch ist. Der Umstand, daß beide Auffassungen festgelegt sind, bedeutet, daß beide wahr sind, doch daß für uns, für unsere Einsicht gilt, daß Na-amah von Chanoch ist.

58. 1556 bekommt Na-amah das erste Kind, Japheth. Noach erreicht dann 500 Jahre. Japheth sieht aus als ob er zwei Gesichter hätte [15]. Von Japheth kommen 14 der 70 Völker.

59. Hewel hat ein Gilgul in Schem und Japhet. Diese haben eine Neschamah[47]. Der Gilgul geht weiter bei Schimschon, Koresch, das ist Cyrus [48] und ist auch bei Esow anwesend[47].

60. Tiras, Sohn Japhets, ist der erste, welcher den Ring um den Finger trägt. Das Runde, der tabaath bekommt seinen Platz auf demjenigen, welches die Tat zustande-bringt. Die Tat wird von nun an durch das Runde mit bestimmt.

61. Cham ist der zweite Sohn Noachs. Seine Geburt geschieht 1557. Schem ist der jüngste. Er wird 1558 geboren.

Eine Überlieferung sagt, daß Schem Malchizedek ist. Er ist es, der Jerusalem mit Mauern umgibt. Er lebt während 12 Geschlechtern[49].

Eine andere Überlieferung [50] erzählt, daß Schem 400 Jahre lang Prophet ist, doch daß niemand auf ihn acht gibt. Es sind die 400 jahre nach der Mabul. Wenn diese 400 erfüllt sind, im fünften Hundert von Schems Leben nach der Mabul, hört man auf ihn.

Hier ist offensichtlich eine Bekräftigung der 1-4-Struktur. Von den 500 Jahren Schems nach der Mabul sind 400 voll von Prophetie, doch sie wird nicht gehört. Erst wenn die 100 eintritt, wird sie begriffen und angenommen.

62. Schem hat ein Gilgul von Hewel (sh. No. 59). Der Gilgul Schems ist bei Jakob [51], auch bei Schimschon[51].

Die Söhne Noachs gehen den Weg Gottes, wie sie ihn von Noach und Methuschelach lernen[49].

63. Lemech, Noachs Vater, geht nicht mit ganzem Herzen die Wege Gottes, welche sein Vater Nethuschelach ihn lehrt[13]. Doch beschreitet er auch nicht den Weg des Bösen, den das Geschlecht geht. Sein Einsatz ist lahm. Er stirbt im biblischen Jahr 1651. Alle Menschen, welche die Wege Gottes gehen, sterben in diesem Jahr. Die Zahl 1651 ist das Zeichen für das Weggenommen werden bevor die Mabul über die Erde kommt. Ihre Entraffung geschieht, damit sie nicht in *diesem* Leben den Untergang ihrer Kinder und Verwandten sehen. Vom andern Leben aus hat dieses Zusehen nicht den tief betrübenden Charakter. Die verzweifelte Trauer *dieser* Welt kennt man dort nicht.

In diesem Jahr weist Gott nochmals Noach und Methuschelach an, sich an die Menschen zu wenden, um ihnen die Einsicht in die Schöpfung zu vermitteln. Doch sie hören nicht hin. Da sagt Gott, daß das Ende alles Fleisches kommt, das Ende für die Möglichkeit die Botschaft noch wahrnehmen zu können, die Offenbarung zu würdigen. Fleisch und Botschaft sind ja eng verwandt.

Wenn Gott dies Ende der Botschaft ankündigt, das Überspültwerden durch die Zeit dieser Botschaft, ist sie begleitet durch die Aufforderung an Noach, das Wort nun konkret zu bauen, die Tewah zu machen[13].

Bis dahin, bis 5 Jahre vor der Mabul ist bei Noach freilich das Geheimnis von der Tewah anwesend. Es war ihm von Gott enthüllt und er erzählte davon bereits während der ganzen Phase der 120 Jahre zwischen 1536 und 1656. Jedoch wird von 1651 an die Tewah sichtbar, das Wunder des Worts wird gezeigt. Und die Ersichtlichkeit des Wunders ist an beliebiger Stelle, wie es Gott gefällt; jeder Ort kann es sein.

Das Material für die Tewah ist die ganze Zeit vorhanden, vom Beginn der 120 Jahre an. Mit ihr ist auch die Struktur bekannt. Jedoch erst während der letzten 5 sieht man sie entstehen und sie wird in all ihrem Glanz offenbar. Man bedenke: es bedarf gleichsam des Weggenommenwerdens der Zadikim, damit die Tewah in Erscheinung treten kann. Wenn Gott den Zimzum macht, kommt die Schöpfung! Die Realität des Worts wird unabweisbar, wenn die Zadikim der Welt genommen sind.

64. Methuschelach stirbt 1656, sieben Tage vor dem Eintreffen der Mabul. Schem zählt dann 98 Jahre, Noach 600.

Eine Überlieferung[15] weiß zu berichten, daß Methuschelach während der Mabul im Garten Eden ist, mit seinem Vater Chanoch, und daß er nach der Mabul für letzte 14 Jahre zur Erde zurückkehrt.

1656 nimmt Noach die 3 Töchter Eljakums (1-30-10-100-6-40), des Sohns Mesuschelachs, seinen 3 Söhnen zu Frauen.

65. Sobald Methuschelach abgeschieden war und ihm ein großes Totengeleite gegeben worden war, sagt Gott zu Noach, daß er zusammen mit den Seinen sich in die Tewah begeben muß und daß er selbst am Eingang der Tewah Platz nehmen soll. Es verbleiben noch 7 Tage bis zur Mabul und, wer weiß, werden die Menschen unter dem Eindruck der Wegraffung Methuschelachs zur Einsicht kommen.

Und dann sagt Gott Noach, daß jetzt die Tiere zu ihm kommen werden, die Tiere jeder Gattung. Jene, welche angesichts der Tewah und Noachs sich ihm gegenüber niedersetzen oder niederlegen werden, muß er seinen Söhnen in Obhut geben. Alles aber, was stehen bleibt, muß er da draussen lassen. Die Söhne ihrerseits bringen dann die sich setzenden Tiere hinein in die Tewah [13].

Die Tiere, die sich da bei der Tewah einstellen, sind die verschiedenen Erscheinungsformen des menschlichen Lebens. Alles, was vorausgegangen ist, ist im Menschen aufgenommen, und in dieser Welt sind die verschiedenen Teile der Schöpfung im Menschen als Schluß-Stück zugegen. Dort aber, wo man noch die Unterscheidung kennt, erscheinen die Tiere los vom Menschen. Die Tiere, welche dem Menschen in diesem Leben begegnen und die durch ihn aufgenommen werden können, kommen siebenfältig, als 7 Paare. Die andern Tiere, welche nicht auch noch in diese Welt aufgenommen werden können, kommen als einzelne Paare in die Tewah.

Wer bei der Begegnung mit dem Wort sich niedersetzt, in Ruhe abwartet, der wird ins Wort aufgenommen. Wer aber stehen bleibt in einer Haltung, welche auch Aggressivität bedeuten kann, der wird ins Wort nicht aufgenommen.

Aufgenommenwerden ins Wort bedeutet auch, daß man dahinein paßt, daß man damit in Übereinstimmung ist. Von der großen Vielheit ist es stets nur ein Kern, welcher diese Voraussetzung erfüllt. Es ist aber gesichert, daß sich von jeder Art ein Paar oder die 7 Paare niedersetzen. Alle andern bleiben stehen. Das Wesentliche, das was das Bestehen und in der Zeit den Fortbestand verbürgt, ist stets da. Es meldet sich von selbst, Noach braucht es nicht zu suchen.

66. Am Ende der 7 Tage kommt eine gewaltige Bewegung über die Welt[13]. Man spürt, daß sich etwas Unerhörtes anschickt loszubrechen. Denn während der 7 Tage hatten die Menschen keine Teschuwah getan. Vielleicht daß das aufwühlende Geschehen die Menschen wecken wird, sagt Gott. Doch die Menschen verharren in ihren Wegen. Sie trachten auf *ihre* Weise die Vorgänge zu erklären; sie versuchen sie als eine vorübergehende Störung einzustufen. Auch diese Sprache verstehen sie nicht. Und auf einmal ist es vorbei, sind die 7 Tage verflossen[13].

Wenn dann die Mabul beginnt, entsteht große Bestürzung und Verwirrung unter den Menschen. Alle wollen sie nun aufeinmal in die Tewah. 700000 Männer und Frauen sind es, die alle darauf drängen hineinzukommen. Die Tür droht zu brechen. Doch da stürzen sich alle Tiere, die auch um die Tewah versammelt sind, auf die Menschen. Und viele werden durch die Tiere getötet[13].

Das Wort ist für den Menschen geschlossen, wenn er nicht während der 7 Tage, vor allem aber am emotionsgeladenen 7. Tag, den Weg zurückgeht. Die volle „sieben", die 700000, will dann *doch* in das Wort eindringen, doch es bietet ihnen dann keinen Zugang. Gott selbst verschließt die Türe. Von den Tieren, vom Leiblichen, von dem in der Zeit Erscheinenden, ist dann alles Wesentliche aufgenommen und wird bewahrt. Das aber geschah gerade, weil es passiv darauf wartete aufgenommen zu werden, wie das das Leibliche dann tut. Für den Menschen, der *unwillig* war vom Weg Gottes zu wissen, folgt dann das *Ausgeschlossensein* von diesem Wissen.
Nicht nur ist der Zugang versperrt, es stürzen sich auf sie auch die Tiere, die Vielheit des Leiblichen. Beides geht Hand in Hand, man fühlt sich menschlich klein und verloren, gottverlassen, und zugleich wird man von der Vielheit des Leiblichen angefallen. Das aufdringliche Leibliche tötet nun den Menschen, schlägt ihn in die Flucht. Das Wort ist für ihn verloren.

67. Alles Lebende wird dann aus seinem Gleichgewicht geworfen, es wird umgekehrt wie man ein Gericht in der Pfanne umkehrt[13].

Was im Menschen noch lebte, bis hin in seine Äusserlichkeit, wird nach innen geworfen und der Mensch verliert es aus seinem Bewußtsein. Außen macht sich eine große Sinnlosigkeit breit, der Zusammenhang mit dem Innersten ist gerissen. Alle Worte und Maßstäbe verkehren sich. Der Mensch wird entmenscht. Das ist ein Merkmal der Mabul.

68.   Die Mabul geschieht im Masel Dagim, im Zeichen der Fische, und unter schlechten Vorzeichen. Es zeigt sich dann ein Stern, der sich erneut und der den ganzen Tierkreis in einem Monat durchläuft, was auf den Untergang der Welt hinweist [52].

69.   Die Mabul ist auch dadurch gekennzeichnet, daß die sieben Planeten in *einem* Zeichen des Tierkreises konzentriert sind [53].

70.   Der Überlieferung [54] gemäß stirbt Kajin erst im Jahr der Mabul. Kajin überlebt also seinen Vater um 726 Jahre und füllt alle 1656 Jahre. Dies lange irdische Bestehen wird ihm zuteil, damit er mitansehen kann, wie seine Kinder und Kindeskinder verlorengehen.

Das Leibliche, das so stark an dieser Welt hängt, bleibt in dieser Welt. Es wird darin einsam, alles andere ist daraus schon weggezogen. Und es erlebt wie die Nachkommen in immer zunehmender Entartung leben und erkennt, daß ehrlicherweise keine Hoffnung besteht: von diesem Standpunkt aus gesehen, kommt der Untergang des Leiblichen unwiderruflich.

71.   Noach gelangt schon in die Tewah am vierten Tag der sieben Tage nach Methuschelach. Es ist der Tag der

größten Kraftentfaltung der Sonne, denn die Sonne wird am vierten Tag an die Rakia gesetzt[55].

72. Schemchasi, der Engel der Bnei Elohim, nimmt kurz vor der Mabul Chams Frau. Aus dieser Verbindung geht Sichon hervor, der spätere Emoriter König. Er zielt darauf ab, die Gemeinschaft Chams mit seiner Frau in der Tewah geringer zu machen[56]. Eine andere Überlieferung sagt, daß Schemchasi in die Tewah eindringt und daß er dort Chams Frau nimmt.

Schemchasi ist in der Tewah. Von allem Lebendigen nimmt Noach ja in die Tewah, also auch von Geistern und Dämonen[57].

Sichon wird in der Tewah geboren. Auch von Og wird dort erzählt. Er überlebt die Mabul außen an der Tewah[55]. Er ist der „palith", der Entronnene, der in Gen. 14: 13, erwähnt wird.

Eine andere Überlieferung[58] erzählt, daß die Wasser der Mabul Sichon und Og bis an die Knöchel oder bis an die Beine reichten.

Die Tochter Jephtachs (Richter 11) ist die Frau Chams, von der hier die Rede ist[55].

73. Die Mabul geschieht in einem Ibbur-Jahr, einem Jahr, das durch einen 13. Monat ausgezeichnet ist[55]. Dieser Mitteilung wird jedoch auch widersprochen. Darin liegt ein Hinweis auf den speziellen Charakter des Mabul-Jahres; demnach steht in diesem Jahr ein dreizehnter den stets vorhandenen zwölf gegenüber.

74. 1657, nach der Mabul, geht jedermann seines Wegs. Einzig Noach und seine Söhne bleiben in ihrem von Gott angewiesenen Land: Dort dienen sie Gott und Gott segnet sie mit dem pru urewu [55].

75. Wenn Noach aus der Tewah geht, fängt er einen Löwen. Er will davon ein Korban machen. Das heißt, Noach möchte seine Existenz Gott, dem Ursprung, näher bringen. Der Löwe ist jedoch nicht vollkommen; er ist gebrochen und deshalb als Korban untauglich. Man kann nämlich nur *ganz*, das könnte auch bedeuten, ohne jegliche Absicht, also eigentlich unbewußt, diesen Weg des Korban gehen. Darum bringt Noach seinen Sohn Schem als Korban [55].

Schem, der Malkizedek, wird also durch seinen Vater als Korban genommen, weil der Löwe, der Arjeh, — etymologisch verwandt mit dem Ausdruck ,,Licht des Herrn'' — gebrochen ist und darum als Korban nicht dargebracht werden kann. Die Bedeutung des Löwen kann immer in diesem etymologischen Zusammenhang gesehen werden.

76. In der Tewah halten sich masikin auf, böse Geister. Diese masikin setzen den Söhnen Noachs zu, in der Absicht sie zu verderben, und es gelingt ihnen sie krank werden zu lassen. Es kommt aber ein Engel, welcher einen der Söhne aus der Tewah nimmt und ihn in den Garten Eden bringt. Dort lehrt er ihn das sefer refuoth [59], das Buch der Genesungen. Es ist das Buch Gines Chiskijahu.

Hier wird der Zusammenhang zwischen dem Wort und dem Heilen und Genesen aufgezeigt. Denn die Krankheiten kommen dadurch, daß die masikin auch im Wort ihr Unwesen treiben. Allerhand störende Geister haben Zutritt zum Wort; sie sind darin ausdrückbar und so gelingt es ihnen sich das Wort dienstbar zu machen. Zur Genesung kommt es dann, wenn man vom Ursprung her das Buch der Genesungen empfängt und damit imstande ist, die Kraft des Gartens Eden ins Wort zu bringen.

77. Noach sieht einen Geißbock, welcher saure Trauben genießt, die auf dem Feld wachsen, und er beobachtet wie derselbe davon fröhlich und trunken wird. Noach verschafft sich eine Wurzel dieser Pflanze, wäscht sie im Blut eines Löwen, eines Schweins, eines Lamms und eines Affen, worauf er sie pflanzt. Der daraus werdende Weinstock bringt schöne süße Trauben. Er genießt von deren Saft und wird trunken [60]. Gemäß Jalkut Schimoni verwendet Noach nur das Blut eines Löwen, eines Schafs und eines Schweins.

78. Josef, der sich solange des Weins enthält, bis er seine Brüder wiedersieht, erbringt für Noach, der vom Wein trunken wurde, den tikkun [61]. Das heißt, er macht das von Noach Zerbrochene heil.

Es ist erst Zeit den Wein zu nehmen, wenn es zur Einswerdung gekommen ist. So ist auch das Gesäuerte erst frei, wenn es Pfingsten geworden ist, am 50. Tag. Mit Josef kommt die Einheit in die 12 Israels.

79. Den sechs mizwoth, welche schon Adam kennt, wird nach der Mabul ein siebtes zugesellt. Es lautet ,,ewer min ha-chai", ,,ein Teil aus dem Lebenden" [61].

Die Welt steht solange im Zeichen der ,,sechs" als die Mabul noch nicht eingetroffen ist. Das siebente erscheint durch die Mabul, und von da an ist die Welt durch die ,,sieben" geprägt. Noach beendet sein 6. Jahrhundert, bevor die Flut beginnt und geht damit in sein siebtes.

Ewer min ha-chai ist das Prinzip, wonach man kein Fleisch, kein Stück, aus dem lebenden Tier herausschneiden darf um es zu essen. Die Frage drängt sich auf, ob es eines Gebots bedarf, um zu verhindern, daß es zu einer so törichten Tat kommt. Wo mag die Veranlassung zu einer solchen Handlung liegen? Gelehrte Religions-Historiker zögern nicht zu sagen, daß Heiden früher — (die Vorzeiten waren bekanntlich primitiv) — soweit gegangen sind sich ein Stück aus einem Tier herauszuschneiden, das des Weges kam, um das Fleisch zu verzehren. Sicher trollte das Tier sich dann davon, bis ein nächster Heide sich wieder einen Happen davon wegschnitt, worauf das Tier weitertorkelte einem dritten Heiden zu, bis es endlich nicht mehr viel zu schneiden gab und das Skelett hintanzte zur ersten besten Leim- und Gelatinefabrik. Ja, manchen ist nichts zu toll. Sie genießen es, wenn sie die Vorzeiten nur recht roh und abstossend ausmalen können.

Die siebte mizwah hat natürlich eine besondere Bedeutung. Das lebende Tier ist die sich uns darbietende Welt der Erscheinung, wozu alles gehört, was irgendwie materiell wahrnehmbar ist. Der gesamte Kosmos muß als eine lebendige Einheit gesehen und wertgeschätzt werden. Es geht nicht an, daraus irgendein Segment abzutrennen, um es „aufzuessen", etwa in der Meinung dadurch als Mensch bereichert zu werden, seinen Hunger oder seine Begierde zu befriedigen, und dann weiter zu leben. Man soll nicht aus einem Teil oder Teilen der Schöpfung leben, man kann sie als die wunderbare Vollkommenheit, die sie ist, nur zu sich nehmen, genießen und erfahren, wenn man sie als Ganzes läßt. Spezialistentum als Endzweck ist darum heidnisch und die Menschheit, die in dieser Beziehung von Noach ausgeht, darf das nicht sein.

Es ist sinnlos eine Periode in der Geschichte, oder eine Folge von solchen, beurteilen zu wollen, ohne daß man das große Ganze kennt, überblickt und miterlebt.

Es ist unfruchtbar das Altertum zu betrachten und darstellen zu wollen ohne Rücksicht auf die Schöpfung. Es ist wertlos den Menschen allein biologisch oder psychisch ins Auge zu fassen. Man kann nicht auf der Grundlage der Mathematik oder der Physik sich ein Weltbild machen. Man kann nicht entweder die Sicht der Juden, die der Katholiken, oder die der Theosophen oder der Atheisten gelten lassen. Alles ist eine nicht zu versehrende große Einheit. Es ist diese Einheit die leben muß, damit auch jeder Teil dieser Einheit zu seinem Recht kommt. Was man in der Tat weltweit tut, ist eine Schändung der Schöpfung, nicht anders als wenn man einem Tier ein Lendenstück herausschneiden wollte, während das Leben noch in ihm ist. Die Form des Erscheinens, die wir als die Welt kennen, *ist* ein Tier. Man denke an den Leviathan, an den Reem, an den

Schor ha-bor. Es geht darum diese Welt ganz zu lassen. Der lebendigen Einheit können wir nicht bewußt werden, wenn wir sie nicht bewahren. Das Bewahren geht dem Erkennen voran: das ist auch der Sinn des siebten Tages. Darum ist gerade diese mizwah die siebente. Das Heiligen des siebten Tages besteht darin, daß man die Welt des siebten Tages und alles, was uns darin begegnet akzeptiert, „heil" läßt. Man kenne sie als unteilbares Ganzes und beginne nicht damit, für den eigenen Gebrauch Stücke daraus abzutrennen, auszusparen, zu sezieren. Jede darauf beruhende Kontingentierung der Natur tendiert auf deren Zerstörung. Das ist das Heidentum des siebten Tages.

80. Hewel hat ein Gilgul in Noach, darauf in Schem und Japheth[62]. Noach, Schem und Mosche sind vom selben nizuz, vom selben Funken. Und darin ist der Gilgul Japheths[61].

81. Von einer Frau, die er in seinem Alter nimmt, hat Kusch, der Sohn Chams, ein Kind, dem er sehr zugetan ist. Ihm wird der Name Nimrod, weil in jenen Tagen die Menschen sich gegen Gott aufzulehnen beginnen. Weil Kusch Nimrod vorzieht, übereignet er ihm das Kleid, das Adam und Eva von Gott erhielten[13].

Nimrod legt dieses Kleid an, wenn er 20 wird. Es verleiht ihm große Stärke, denn Gott gibt ihm koach und gewurah, Kraft und Stärke. Nimrod fängt Tiere und bringt sie vor Gott. Er ficht mit all seinen Feinden und behält die Oberhand. In seinem 40. Jahr entbrennt ein Krieg zwischen ihm an der Spitze seiner Brüder und

Kindern Japhets. Nimrod siegt und macht sie zu Knechten[13]. Von da an ist Nimrod König. Der Befehlshaber über sein Heer wird Terach, Abrams Vater[13].

82. Nimrod ist der erste, der die Weisheit der Magie und Zauberei lehrt; auch in den Naturwissenschaften ist er bewandert. Daraus, daß er bei seiner Geburt lacht, schließt man schon, daß er zu großem Wissen und hoher Kenntnis aufsteigen wird[15].

83. Arpachschad, Schems Sohn, wird 1658 geboren. Ihm entstammen die Chaldäer. In seinen Tagen beginnt man mit dem Bau von Babel[15].

Ewer wird 1723 geboren. Er weilt im Lehrhaus und ist der Vater aller Ebräer. Die Kinder Israels nennen sich Ebräer (Iwrim). Die heilige Sprache wird von Schem getragen und bewahrt.

Dem Joktan wird sein Name, weil in seinen Tagen die Lebzeiten stark verkürzt werden. In seinem Namen steckt das Wort für klein, katan. Diese Verkürzung des Lebens ist Ausdruck davon, daß dieses Leben äußerlich wird. Die Einsicht des Menschengeschlechts schrumpft im Maße der Halbierung der Lebzeiten: zuerst geschieht das bei den Geschlechtern der Mabul, dann bei Peleg und Joktan, um sich später noch zu wiederholen. Immer mehr von dem, was des Menschen ist, bleibt in seinem Innern verborgen und verwahrt.

In seiner Innerlichkeit überschaut der Mensch viel mehr Zeit. In den kürzesten Zeitraum drängt sich ein Übermaß an Leben, an Erleben; alles zieht in Schnelligkeit am Menschen vorbei. Dagegen ist sein äußerliches

Leben träge. In einer Zeiteinheit hat nicht mehr als *ein* Erlebnis in seinem Bewußtsein Platz. In seiner Innerlichkeit strömen viele Erlebnisse in denselben Moment.

Eine doppelte Halbierung geht also diesem Menschen voraus. Das Innerste, das Ur-Menschliche ist im Menschen doppelt verborgen. Nach innen zu treibt die Zeit mit ganz anderer Kadenz als sie dies in der folgenden Schicht tut, und abermals träger ist ihr Strom in der äußersten Schale. Halbieren bedeutet auch, daß stets wieder eine Seite verborgen wird, ganz der Sichtbarkeit und dem Bewußtsein genommen.

Die nächste Halbierung geschieht, wenn die Welt der Bibel aufhört. Auf die Zeiten, wo die Menschen 200 Jahre, 180 oder 150 erreichen, folgen die, wo man 100 Jahre, 90 oder 75 Jahre alt wird. Abermals wird die Hälfte des Verbleibenden weggenommen und verborgen. Der erscheinende Mensch wird noch mehr äußerlich. Die Länge der Lebzeiten ist für den Menschen hier und jetzt eine Frage der möglichen Dichte des Erlebens. Der Adam im Menschen weist den achtfachen Reichtum des Erlebens auf, verglichen mit dem Menschen, den wir heute darstellen. Dabei ist die 8 im Sinn der absoluten Zahl gemeint. Wir wissen, daß das Achtfache in diesem Sinn das Erleben aller 8 Tage bedeutet, also eingeschlossen und vor allem das des achten Tages.

84. Aschkenas, Sohn Gomers und Urenkel Japheths, wird 1786 geboren[60]. Seit der Zerstörung des Tempels versteht man unter Aschkenas Deutschland, während Gomer den Gesamtbegriff der Germanen umfaßt. Solange der Tempel noch sichtbar steht, ist die Welt

anders; auch für die Völker bestehen in jener Welt andere Verhältnisse.

Vor der Verwüstung des Ersten Tempels besteht abermals ein völlig anderer Zustand. Von dort aus gesehen, bestehen alle jene Völker im heutigen Menschen. Unter den Umständen des Ersten Tempels kann jedes Volk noch in seinem Werden und seiner Besonderheit wahrgenommen werden. Jetzt ist dies ausgeschlossen. Eine gewisse Charakteristik läßt sich jedoch von da her ableiten. Somit besteht auch eine Verbindung zwischen dem äußerlichen Menschentypus Aschkenas-Deutschland und der Aschkenas-Seite in jedem Menschen.

Aschkenas wird also 130 Jahre nach der Mabbul geboren.

85. In den Tagen Re-us, der in 1787 zur Welt kommt, setzt das Reich von Mizrajim (des biblischen Ägypten) ein[60].

86. Ins Jahr 1788 fällt der Beginn des Reiches Nimrods, des Sohnes Kuschs und Enkels Chams. Er begründet das Reich Babel. Seine Regierung dauert 47 Jahre. Der erstaunliche Turm (Migdal) wird 1791 aufgerichtet, 135 Jahre nach der Mabbul. Das Reich Babel besteht während 1601 Jahren bis 3389. Der Untergang Belschazars bezeichnet das Ende dieses Reiches. Von Nimrod an regieren 51 Könige über Babel. Nebukadnezar, der große König, der den Tempel zerstört, ist ein Gilgul Nimrods[60].

87. Nachdem Nimrod alle seine Feinde geschlagen hat, besetzt er eine große Ebene gegen Osten und baut dort die Stadt Schinar. Alle Kinder Noachs sind ihm untertan. Dannzumal hat die Welt einerlei Sprache.

Nimrod geht den Weg des „ra", des Bösen, mehr als jeder andere von der Mabul an. Nicht genug damit, lehrt er die Menschen die Wege des ra. Noch beharrlicher im Bösen ist sein Sohn Madron. Er erhält den Namen Amrafel, weil alle seine Heere und Menschen beim Turmbau umkommen[13]. Amrafel wird Gen. 14:1 erwähnt.

88. Nimrod macht ein pessel, ein Bild, das ihn selbst wiedergibt, und er ordnet an, daß jedermann sich davor beugen muß. Diesem Bild gibt er den Namen Bel. Es bleibt aufrecht während 37 Königen von Babel, und erst Daniel setzt ihm ein Ende und macht, daß es verschwindet[15].

Das Wort pessel bedeutet, daß das Bild ausgehauen ist. Es ist aus der großen Einheit herausgeholt. Die Ganzheit ist versehrt worden. Das pessel schafft Grenzen im Raum, während das Bild des Menschen alles füllt. Der Mensch empfindet die Notwendigkeit ein Bild zu machen, wenn er den Blick aufs vollkommene Ganze verloren hat, so daß es ihm als ungeformte Masse vorkommt. Er meißelt aus diesem Ganzen ein Fragment heraus, ihm die Form zuteilend, welche er eigener Wahrnehmung gemäß als Menschengestalt zu erkennen glaubt. Die wirkliche Gestalt wird dadurch verdorben; nicht im Absoluten, verdorben wird sie in der Anschauung des Menschen. Nur der Heide kann sich dieses Bild machen.

Nicht umsonst bedeutet das Wort pessel (80-60-30), als possal, untauglich machen, unbrauchbar machen. Das vorhandene Ganze ist verfremdet, die Heiligkeit des Geschaffenen ist versehrt. Die entstandene Form ist eine Un-Form, sie ist nicht nur verfehlt und einseitig, sondern sie steht nunmehr im Wege. Die wahre Einheit ist gebrochen, ist zur untauglichen Götzenform geworden, welche todbringend ist.

Possal ist in der Halachah ein wichtiger Begriff. Er besagt, daß ein Ding für den Gebrauch ausscheidet. Pessel als Bild ist keineswegs das, wofür es sich ausgibt. Die Vorstellung, die es vermittelt, ist falsch, irreführend, und hat die Wirkung gefangen zu halten.

89. Am Ende seiner Tage wird Nimrod von den eigenen acht Söhnen aus seinem Reich vertrieben [15].

Der Mensch nach der Mabul findet seinen Götzendienst durch Nimrod. Auf ihn führt sich das Prinzip des eigenmächtigen Hackens einer Form aus dem lebendigen Ganzen zurück. Der Mensch verwendet große Mühe und Erfindungskraft, um sich zu seiner Selbsttäuschung ein immer neues und immer gleichgerichtetes System der Weltbewältigung zu entwerfen, aufgebaut auf der Wahrnehmung des Äußeren. Er duldet nicht, daß dieses prekäre Gemächte durch einen Nicht-Verehrenden lächerlich gemacht wird. Das empfindliche Gleichgewicht seiner Selbstvergottung macht ihn sehr reizbar.

Jedes Menschen pessel ist *sein* Bild und *seine* Auffassung der Dinge und Erscheinungen der Schöpfung. Er macht seinen eigenen Gott. Und er tut dann, als ob dieser

Gott ihn, den Menschen, gemacht habe. Es ist ein Zirkel der Torheit.

90. Dieser Weg des Menschen mit den von ihm selbst gemachten Bildern, mit dem mehr oder weniger sorgfältig verfertigten „Untauglichen", breitet sich aus bis zu den Tagen des Richters Tola, erwähnt in Richter 10:1. Zu dessen Zeiten werden 15 Hauptgötter aufgerichtet: 5 männliche und 10 weibliche. Diese sind den 30000 Göttern übergeordnet, die es dann gibt [15].

91. Terach ist es, der als erster Geld macht [15]. Geld ist etwas, das selbstständig bestehen kann. Es gibt Veranlassung in Werten zu rechnen und zu denken, welche zunehmend ein selbstständiges Dasein führen können. Geld löst sich vom Ding, es ist eine willkürliche Schöpfung. Geld mißt den Wert der Dinge, und dieser Geldwert stellt sich im Bewußtsein der Menschen vor den Schöpfungswert. Allmählich wendet sich die Aufmerksamkeit von den Dingen ab. Der Mensch hört nicht mehr die Sprache der Dinge, da die Sprache des Geldes immer lauter wird. Das Geld überstreckt sich, indem es schließlich seinen eigenen Wert gewinnt, den es an sich selbst mißt.

Jedes Gut wird eine Verfügbarkeit, die mit Geld zu tun hat. Der Mensch lernt wegzusehen vom Sinn jedes Dinges, der ihm von der Schöpfung her eigen ist. Er achtet nicht mehr auf das Ding als Zeichen und verarmt, indem er in Preisen denkt und reagiert. Das Geld wird ihm zur Geissel, die ihm peinigt und zu immer rascherer Gangart antreibt, weg vom Ursprung. Geld macht den Menschen beziehungslos.

92. Wenn Terach 38 Jahre erreicht, werden ihm Haran und Nachor geboren [13]. Man zählt dann das Jahr 1916. Diese Söhne kommen von einer anderen Mutter als Abram [63].

In seinem 70. Jahr nimmt Terach Amatlaah, die Tochter Karnabo's zur Frau [64]. 1948 wird sie die Mutter Abrams—Abrahams.

93. Abrahams Geburt fällt ins 390. Jahr Schems und sie geschieht in der Stadt Kuta (20-6-400-1)[65]. Sein Name sagt aus, daß er Vater vieler Nachkommen ist (aw ram, 1-2-200-40). Nach den einen wird er in Nissan, nach den anderen in Tischri zur Welt gebracht, im 1. Monat in der Zählung der Monate oder im 1. in der Zählung der Jahre.

94. Abrahams Mutter findet ihren tikkun in der römischen Zeit in der Frau, welche 7 Söhne hat. Ihre Kinder werden vor ihren Augen hingeschlachtet und sie selbst ermuntert alle den Tod zu wählen, eher als den Römern durch den Übertritt zum Heidentum zu willfahren. Zum Schluß gibt sie sich selbst den Tod, sich vom Dach herunterstürzend. Abrahams Mutter hingegen erlebt es, daß ihr Sohn vor Nimrods Anschlag auf sein Leben gerettet wird; Nimrod läßt Abram in den Kalkofen werfen, jedoch bleibt er unversehrt[66]. Der Kidusch ha-Schem (100-4-6-300 5-10-5-6-5), die Heiligung des Namens Gottes, welche in der Hingabe des Lebens hier bei solcher Standhaftigkeit zustandekommt, hat bei Abraham nicht stattgefunden. Seiner Mutter bleibt denn auch das einschneidende Leid erspart, welches jene andere Mutter niederdrückt, die ihre Söhne sämtlich zum Kidusch ha-Schem hergeben muß.

Man bedenke, daß es da um das Schöpfungsprinzip geht. Auch die himmlische „Mutter" sieht mit an, wie ihr Sohn, der Mensch als Erlöser, in dieser Welt ergriffen wird und wie er sein Leben gibt, weil er am Weg Gottes, seines Vaters, festhält. Dort am Beginn rettet Gott durch das Wunder das Leben dieses Menschen, damit er als Befreier in dieser Welt Raum bekomme. Doch wenn das Ende naht, in der Gefangenschaft Edoms, der vierten, bestätigt die Mutter, was sie von Anbeginn gewußt hat und wozu sie innerlich stets bereit gewesen ist. Schon bei der Schöpfung ist es die Mutterseite, welche das ganze Ausmaß an Leid auf sich nimmt, denn sie geht ja mit ihren Kindern, den Menschen in der Schöpfung, mit in die Verbannung.

95. Abrahams Vater, Terach, hat seinerseits seinen tikkun in Hiob[66]. Hiobs Leiden ist das des Vaters, welcher erlebt, daß sein Sohn durch den Angriff des Bösen den Kidusch ha-Schem (Heiligung des Namen Gottes) vollbringt. Das heißt, man zeigt in seinem Leben, daß diese zeit-räumliche Wirklichkeit nur Sinn hat, wenn man sie mit der anderen, im Menschen lebenden Wirklichkeit zu einer Einheit verbindet.

96. Abram wird in der Nacht geboren. In jener Nacht kommen alle Knechte Terachs und alle Weisen Nimrods samt allen Himmelskundigen bei Terach zusammen und sie halten eine große Mahlzeit [13].

Es ist stets die Weltnacht, in welcher der Erlöser, in allen Phasen, geboren wird. Man tut sich dann in der Welt zusammen, alles, was Weisheit zu besitzen wähnt,

113

findet sich ein, alle auch, die etwas verstehen vom Einfluß des Himmels auf dies Leben hier. Gut genug weiß man von einem Ende der Welt, doch man will es nicht wahr haben, man will jedenfalls hinausschieben, man meidet den Gedanken daran, ja man will diese Aufhebung außer Kraft setzten.

Sobald die Tafel aufgehoben ist und man aus dem Haus Terachs heraustritt, wird ein großer Stern gesehen, kommend aus dem Osten, der sich schnell am Himmel herauf bewegt. Dieser Stern schluckt vier andere Sterne auf, welche aus den vier Richtungen zusammenstreben. Die Weisen erschrecken, denn sie erkennen, daß dies nichts anderes bedeuten kann, als daß im Hause Terachs die Geburt eines Kindes stattgefunden hat, welches die gesamte Welt besitzen wird [13].

Es ist ersichtlich, daß die vier Sterne das Gesamte dessen sind, was wir kennen, die Vielheit der Welt, beruhend auf den vier Elementen. Dieser uns vertrauten Welt droht das Verschlungenwerden von einer bislang ungekannten Kraft, von einer völlig neuen „Einheit". Im Wesentlichen ist bereits etwas Unerhörtes, etwas umwälzend Neues geboren. Im Augenblick, wo die Menschen ihre äußerliche Welt gesichert glauben, ist diese Kraft schon siegreich. Es ist nur eine Frage der Zeit, daß sie der Welt, wie sie bis zur Stunde besteht, ein Ende macht. Wer dieser 1-4 ansichtig wird, erkennt, daß der Herrschaft der „vier" ein Ende gesetzt wird durch die „eins". Darum wählt der Mensch hier stets den Baum der Erkenntnis, den Baum der „4", den Baum des Lebens aber meidet er, aus Angst davor, daß ihm der Boden unter seinen Füßen entzogen wird, aus Angst vor der Wahrheit, vor der Kraft der Einheit, der Ganzheit.

Am Morgen erzählen die Gäste Terachs dies alles dem König und sie raten, Terach einen Preis zu zahlen, damit er den eben geborenen Sohn dem Nimrod ausliefere und dieser ihn umbringe. Terach täuscht jedoch den König, indem er ihm ein anderes Kind ausliefert, geboren in derselben Nacht. Nimrod tötet dieses Kind sogleich und meint, daß er die Welt von der Gefahr befreit habe. Die Mutter samt Kind hat Terach inzwischen weggebracht und versorgt sie an einem verborgenen Ort. So bleibt, nach den drei Tagen der Verhandlung mit Nimrod und der Preisgabe des stellvertretenden Kindes, Abram zehn Jahre lang sicher verwahrt [13].

Das unterschobene andere Kind, im gleichen Moment geboren, ist eine andere Erscheinungsform Abrams. Nimrod ist nur für das äußerliche Geschehen aufmerksam und sieht nicht ein, daß eine erfolgte Geburt ein Durchbruch ist nach dieser Welt hin, der nicht mehr rückgängig gemacht werden kann. Auch wenn man, das Kind tötend, es aus der Welt schafft, so ist es doch ein für allemal in die Welt eingetreten. Lange Zeit mag das Ereignis hier totgeschwiegen werden, es bleibt immanent, unweigerlich wird es wieder erscheinen, wenn seine Frist gekommen ist. Ein Kind aber etwa vor der Geburt umzubringen ist ausgeschlossen angesichts von Schifra und Pua, der beiden Pflegemütter, welche die Geburt eines Iwri beschützen (Ex. 1). Schifra und Pua sind der Überlieferung gemäß Jochewed und Mirjam. Wenn das Kind konzipiert wurde, ist es da. Auch wenn man es hier nicht sieht, wenn es durch den Nimrod oder den Pharao im Menschen vor der Geburt getötet wird. Gerade dann erst wird es sich auf den Töter stürzen, so wie es bei Nimrod und Abram der Fall ist, und so wie bei Pharao und Moses.

Nimrod, der glaubt den Erlöser getötet zu haben, gibt sich einer Täuschung hin, wenn er wähnt dieser Welt die Dauer gesichert zu haben. Seine eigene Macht, die doch nur eine äußere ist, ist für Nimrod alles. Er leugnet, sich selber betrügend, die Bedeutung, das Gewicht des Tat-gewordenen. Die Welt hat das Licht der Geburt des Erlösers erblickt und er ist hier Form geworden. Und nun ist das, was sich einmal in der Zeit ausgedrückt hat, nicht mehr aus der Welt zu schaffen. Was hierher durchgebrochen ist, wird stets und fortwährend aufs Neue erscheinen.

97. Die Verbergung Abrams während der zehn Jahre geschieht in einer meorah, in einer Höhle.

Abram befindet sich im Schoß der Erde, wie auch ein Toter in eine meorah gelegt wird. Man weiß nicht mehr von seinem Bestehen. Und doch, was einmal hier gelebt hat, bleibt leben. Es ist von großer Bedeutung, daß man das, was hierher unterwegs ist, hier auch lasse geboren werden. Man darf es nicht daran hindern. Indem man eine Geburt unmöglich macht, stellt man sich der Ausführung des Schöpfungsplanes entgegen: man mor-det buchstäblich ein Leben. Es ist äußerst bedeutsam, daß ein Leben durchdringen kann zu dieser Welt. Dazu ist der Mensch auch gemacht. Der Mensch darf keinen Samen vergeuden und verschütten; so tötet er Leben, das ihm gegeben wird, damit es hier erscheine. Sogar der einen Tag alte Abram wird, was immer Nimrod ihm antun wird, hier seine Wirksamkeit bekommen. Wichtig ist einzig, daß der Mensch hier geboren wird. Alles andere ist Gott vorbehalten.

98. Haran nimmt im Alter von 39 Jahren eine Frau, das ist 1955. Diese Frau gebiert ihm einen Sohn, Lot, und darauf Töchter, Milkah und Sarai. Sarais Geburt geschieht 1958. Sie heißt auch Jiskah. Zu dieser Zeit zählt Abram 10 Jahre, Haran 42 Jahre [61].

Offensichtlich fällt das Ende der Verbergung Abrams in der Höhle mit der Geburt seiner Frau zusammen. Die Frau ist die Erscheinungsform des Mannes. Es kommt ein neuer Körper.

99. In jenen Tagen, 1958 also, verläßt Abram zusammen mit seiner Mutter und seiner Amme die meorah und sie begeben sich zu Noach und Schem, welche die Wege Gottes lehren. Zu dieser Zeit weiß niemand von Abram, der sich bei Noach und Schem die Kenntnis der Torah aneignet und sich dort bis 1997 aufhält, 39 Jahre lang [13].

Alle Menschen sündigen in jenen Tagen gegen Gott. Nimrod und Terach gehen voran auf den Wegen der Awoda Sarah. Der Dienst der Menschen gilt Holz und Stein, ez we-ewen. Man kennt nur das Sichtbare, dem man dient, dem was sich entwickelt und dem was unveränderlich dasteht. Nicht dem Schöpfer dient man, der Ursache von allem, vielmehr spannt man sich ein in den Dienst an der Zwei-heit. Man drängt sich dazu, alles der Vielheit zu opfern, weil man dadurch Macht erlangt, über die Zwei-heit.

Jede Awoda Sarah ruft die Kräfte auf, welche sich an diese Welt klammern, welche diesen Platz für den entscheidenden Kampf suchen und festhalten. Ohne den Menschen können diese Kräfte hier nicht Fuß fassen. Sobald sie beim Menschen die Geneigtheit spüren, dringen sie in ihn ein, worauf er fortan ihr Träger ist. Das Prinzip ez we-ewen ist das Nebeneinander, das Spannungsverhältnis der Gegensätze: einerseits die Kräfte der Entwicklung und anderseits das, was hier fest und unveränderlich zu sein scheint, was weder wächst noch welkt.

Terach hat 12 Götter, einen für jeden Monat. Er bringt ihnen korbanoth. Durch ez we-ewen, durch Holz und Stein dient er ihnen.

Das Bringen dieses Korbans bedeutet, daß man sein Leben dem Dienst an den Dingen weiht; man gibt sein Leben dafür. Durch den Einsatz seiner ganzen Begeisterung und Phantasie erlangt der Mensch Kenntnis und Macht über diese Götter und sie liefern ihm dann viel. Denn es ist ja ausschließlich der Mensch, durch den sie in dieser Welt mitherrschen können. Diese Götter sind die Kräfte des ra, der Zersplitterung in die Vielheit.

Sie wollen dieser Welt Dauer verleihen. Sie fürchten die entscheidende Umwälzung, die Revolution, die sie nicht abbiegen können, die Umwälzung, welche dieser Art von Leben und Gesellschaft ein Ende macht. Gott setzt diesen Göttern mächtig zu, wie Er gegen das ra streitet. Die Götter sind die Negation von Gottes Liebe. Sie wollen es *selber* vollenden, wollen sich *selber* bewähren; über alles wollen sie walten. Es sind die Kräfte, denen Gott Raum gibt, damit die Schöpfung sein kann.

Wenn Abram, nach 10 Jahren der Verborgenheit, weitere 39 Jahre bei Noach und Schem verweilt, sind somit 49 Jahre voll geworden. Das ist die Grenze der 7. Phase. Jetzt muß und wird etwas Neues kommen.

100. In der Zeit gibt es niemanden, der Gott kennt, wie Noach mit Gott vertraut ist, Noach und sein Haus, wozu Schem gehört. Gott schenkt Abram Einsicht und ein hörendes Herz. So sieht Abram die Sonne und den Mond[61]. Der Gegensatz Tag-Nacht wird ihm offenbar, er sieht die Zwei-heit. Er weiß, daß in der Ungewißheit der Welt wohl die eine Seite sich als Gott ausgeben kann; dennoch wird sie die andere Seite, den Widerspruch, sich gleichwertig gegenüber haben. Gott kann also innerhalb der Zweiheit nicht personifiziert, nicht lokalisiert werden; Gott ist weder das Eine noch das Andere. Gott kann einzig Derjenige sein, der den Gegensatz ins Leben ruft und fortbestehen läßt. Durch die Zweiheit besteht ja doch alles. Im Paar Himmel und Erde drückt sich der äußerste Gegensatz aus: Gott ist der Herrscher über beide.

101. Abram beginnt Gott zu erkennen, wenn er 3 Jahre alt ist, und er erreicht darin Vollkommenheit mit 48 Jahren[67]. In sein 48. Lebensjahr, es ist 1996, fällt die Haflagah. Mit 52 Jahren, man zählt das Jahr 2000, beginnt Abram die Thora unter den Menschen zu lehren. Sie wird dann unter vielen bekannt. Die Thora, sagt man, wird 52 Jahre vor dem Abschluss des 2.

Tausends geboren[61].

Das 2. Tausend ist das Erfülltwerden der gesamten Zweiheit. In der Tat bricht dann die Thora durch. Die „2" ist ja voll. Geboren wird sie aber schon 52 Jahre zuvor.

Noach weilt bis 2006 in der Welt. Er scheidet also 10 Jahre nach der Haflagah und 6 Jahre nach der Verkündigung der Thora durch Abram von dieser Welt.

102. Haran findet sein Gilgul in Aharon[15]. Terach und seine Frau haben ihren Gilgul in Hiob und in Dinah, der Tochter Jakobs[15]. Der Funke Abrahams ist Michael, der Isaaks ist Gabriel, der Jakobs ist Uriel. Bevor dieser Funke zu Jakob kommt, wohnt er bei Chanoch[68].

Funke ist nizuz. Der Funke kommt vom Himmel und er lebt hier in der Erscheinung; er findet sich von der Erscheinung umhüllt und gibt ihr Leben.

Das dijokan, das Bild Jakobs, ist zuvor bei Chanoch und noch vorher bei Adam[68].

Achia ha-Schiloni ist ein Gilgul Abrahams[69]. Die Witwe von Zarfath ist vom sod Sarahs, vom Geheimnis Sarahs[69, 6J].

103. Mit 25 Jahren, 1973, heiratet Abraham Sarah[70]. Das Paar bleibt 75 Jahre kinderlos, unfruchtbar.

104. Lot hat sein Gilgul in Jehuda und in Boas. Diejenige seiner Töchter, welche ihm den Wein gibt, hat ihr Gilgul in Thamar und in Ruth[61].

105. Nimrod regiert in diesen Tagen die Welt und gebietet unangefochten über alles. Die ganze Welt spricht einerlei Sprache[13].

Das besagt, daß zu der Zeit in der Welt eine völlige Einheit und Einhelligkeit besteht. Es gibt keine verschiedenen Meinungen. Da jedermann denselben Auffassungen huldigt, erhebt sich dagegen kein Widerstand. Die Begriffe sind eindeutig, jedermann wird verstanden und hat seinerseits keine Mühe zu verstehen. Das bedeutet nicht, daß die ganze Welt eine Art Esperanto spricht. Auch wenn man sich einer völkerverbindenden Sprache bedient, kann man sich doch mit Theorien und Meinungen befehden. Mißverständnisse kommen keine auf, weil jedermann mit den Auffassungen vertraut und eins ist. Ins Wissen um die Dinge ist man demnach sehr weit eingedrungen, so tief, daß sich Auseinandersetzungen darüber erübrigen. Man begreift alles, und demgemäß ist das Wissen so zutreffend, daß die Worte, die man benützt um etwas anzudeuten, so unmißverständlich sind wie nur möglich. Diese Kenntnis der Dinge entspringt der Kenntnis des Wortes, wie dieses durch Schem gelehrt wird, welcher dabei von der Schöpfung ausgeht.

Das meint man mit *einer* Sprache.

106. Es geschieht nun, daß Nimrod, seine Könige und Fürsten zusammenkommen um miteinander zu beraten. Es sind die Herren von Put, Mizrajim und Kanaan. Sie beschließen eine Stadt zu bauen und inmitten derselben einen Turm, der bis zum Himmel reichen soll. Das würde ihnen eine eindeutige Herrschaft über die gesam-

te Welt sichern und sich selbst würden sie damit einen unvergänglichen Namen machen[13].

Der Bau einer Stadt geschieht vornehmlich in der Absicht eine Menschen-Gemeinschaft zu stiften, die sich um eine rein irdische Zielsetzung gruppiert. Das dichte und arbeitsteilige Zusammenleben hindert den Menschen daran, in der beständigen Anschauung der Welt an seine Bestimmung und den Sinn des Lebens erinnert zu werden. Das ganze Sinnen und Trachten wird von der Stadtwelt und ihrer Eigengesetzlichkeit in Beschlag genommen, sodaß man für das Wirken des Himmels keine Aufmerksamkeit mehr aufbringt. Man ist im Gegenteil überzeugt, daß man Aussicht hat in raschem Anlauf den Himmel zu erreichen, wenn man mit Eifer und Hingabe die Stadtwelt groß macht. Man verspricht sich eine ungemeine Förderung von Wissen und Einsicht, die endlich auch das tiefe Geheimnis der Gegensätzlichkeit aufdecken werden. Man will den Himmel besetzen, damit derselbe der Erde dienstbar werde. Die Mittel zu diesem Krieg entnimmt man der Erde. Für die Stadt-Welt ist der Himmel tot oder mindestens für immer verstummt. Man erwartet nichts vom Himmel. Alle Wirksamkeit muß darum von dieser Erde ausgehen. So läßt sich der Mensch auch nur von der Materie inspirieren. Der Himmel muß den Bedürfnissen der Erde angepaßt werden. Der Mensch setzt alles daran, daß es ihm gelinge, von seinem irdischen Denken aus den Gegensatz aufzuheben.

107. Zu diesem Tun versammeln sich 600000 Menschen und sie ziehen alle ins Land Schinar, in eine

Ebene im Osten, zwei Jahre weit. Sie fangen damit an die Steine für den Turm zu machen. Auf diese Weise beginnt ihr Aufstand gegen Gott; sie schaffen sich Material um in den Himmel zu steigen, um den Himmel einzuebnen und Gott Schach zu bieten [13].

Das Getümmel hat wieder das Merkmal des Endes der 6. Phase, die die 600 000 voll ist. Es ist wie das Geschehen vom Freitag Nachmittag. Dann ist der Mensch sehr selbstbewußt, da er vermeint das Zeug zu haben oder allenfalls aufbringen zu können, um auf dieser Erde alle Fragen zu lösen, wodurch er alles beherrschen wird.

Man bedenke, daß die Welt gegenwärtig auch dem Ende einer sechsten Phase zustrebt. Der biblischen Zeitrechnung gemäß ist nun das Jahr 5736.

Das Land Schinar hat den Wert 620 (300-50-70-200). Das ist der Wert des Wortes Krone, welche der Mensch für sich sucht. Kether, Krone, ist 20-400-200. Schinar ist eine Ebene, in der das menschliche Genie Material genug findet, welches durch seine Verwendung der Einbildung aufhilft, Material, das den Menschen instand versetzt den Himmel dem Irdischen zu unterwerfen.

Der Turmbau findet statt gegen Ende des 2. Tausends. Bezogen auf das nun erreichte sechste Tausend, ist das der dritte Teil. Und das Ergebnis ist, daß — als Folge jenes Turmbaus — der eben erreichte dritte Teil der Welt weggenommen wird (sh. ,,Bauplan''). Der Sinn des ganzen Geschehens, die 1 in Beziehung zur 2, wird gerade durch diesen Turm in undurchdringliches Dunkel zurückgenommen. Der Mensch verliert seine Schau

des Zusammenhangs. Damit wird auch das Verblei-
bende sinnlos.

Die Steine, die man in Mengen gleichmäßig formt
und brennt, heißen lewenim (30-2-50-10-40). Der Stamm
dieses Worts 30-2-50 bildet auch die Begriffe ,,weiß" und
Mond (30-2-50-5). Das Weiß als Synthese aller Farben
stellt die Einheit dar. Es ist aber nur die Bezeichnung
dessen, was auf der Form-Seite, im Äußerlichen, weiß ist,
dessen was auch den Mond ausmacht. Wie das auch der
Mond tut, baut diese Art Weiß doch nichts anderes als
die Zwei-heit.

Laban, gleichsam der Mond in der männlichen Prägung, ist es, welcher Jakob die 2 Frauen gibt. Damit wird
er die Ursache zum Streit zwischen Juda und Josef, womit
die Zweiheit dort ihren Einzug hält, wo schon im Anfang
die Einheit hätte wohnen können. Auch ist ja der Mond
die Ursache des Gegensatzes Sonne-Mond. Das Herstellen solcher Steine wird auch durch Mizrajim Israel als
Lebensaufgabe auferlegt. Mizrajim ist gleicherweise eine
Ebene, eine bika. Zum Unterschied davon ist Kanaan mit
Jerusalem hoch. Es besteht dort kein Anreiz Steine zu
machen im Sinne Babels oder Mizrajims.

Im Baumaterial für den Turm ist schon die Voraussetzung dazu, daß es fortwährend zu Spaltung und Zweiteilung kommt, womit die Einheit stets von einer wuchern-
den Vielheit verschlungen wird.

108. Die Bauleute teilen sich in drei Gruppen, das heißt
in drei Auffassungen. Die erste beabsichtigt den Himmel
zu erreichen um dann Krieg zu führen. Die andere setzt
sich zum Ziel dorthin zu gelangen, um ihren Gott
einzusetzen und ihm dort alsdann zu dienen. Die dritte

bekennt: wir wollen zum Himmel emporsteigen um ihn mit unsern Bogen und Speeren umzustürzen[13].

Diejenigen, die es auf Krieg abgesehen haben, wollen die Unterwerfung des Himmels. Sie sehen die Möglichkeit dazu in den irdischen „Weißen", in den irdischen „Monden". Zufolge der Schöpfung von Himmel und Erde äußert sich überall und stets Zweiheit. Diese Zweiheit wollen sie überbrücken und aufheben, indem sie einfach den Himmel auch irdisch machen. Die irdischzeitlichen Maßstäbe müssen dort auch gelten, auch dort will man alles bestimmen können, den Lehren der Erde gemäß.

Der zweiten Richtung geht es um den Gottesbegriff. Die Vorstellung von Gott, die sich der Mensch zurechtgemacht hat, will er dem Himmel aufzwingen, womit diese Gottheit allbeherrschend werden soll. Diese Menschen gehen davon aus, daß der Himmel unterentwickelt ist, altväterisch und weltfremd, oder gar einfach leer, eine blasse Illusion. Der Himmel ist jedenfalls unbrauchbar um dort Gott zu finden. Was erwartet man schon vom Himmel? Darum will man an erhabener Stelle die eigene Vollkommenheit oder das Ideal davon verankern, um ihm daselbst zu dienen.

Die dritte Absicht will den Himmel einfach vernichten und aus jeder Berechnung ausschalten. Aus sicherem Abstand schleudert man dem Himmel seine Waffen entgegen, den Bogen wie den Speer, und so will man die Obwaltung des Himmels über die Erde aufheben. Die irdischen Projektile werden, so will es diese Absicht, dem Menschen drastisch vor Augen führen, daß der Himmel tot ist, nicht besteht.

Alle drei Meinungen leben von der Empörung. Die verrannte Selbsteingenommenheit findet nur Raum für eine irdische Beurteilung dessen, was himmlisch ist. Der schweigsame Himmel ladet dazu ein, der Tummelplatz für jede irdische Eitelkeit zu sein. Und auf dem Weg der Herrschaft über den Himmel will man umso mehr und umso sicherer die Erde beherrschen. Das ist der Beweggrund, der der Stadtwelt Stoßkraft verleiht und sie Zusammenwirken lehrt.

109. Und so ist man darin einträchtig, den Turm zu bauen. Und man kommt dem Himmel sehr nahe. Da spricht Gott zu den 70 Engeln, welche als Erste bei Ihm stehen. Gott beschließt das Wort zu verwirren. Von Stunde an verliert der Mensch die Kenntnis des Wortes beim anderen [13]. Man versteht nicht mehr das an einen gerichtete Wort, weil das Wort eine Umhüllung bekommen hat. Auch wenn der andere die gleiche Sprache spricht und die gleichen Worte gebraucht, begreift man nicht, was der andere damit meint und will.

Das Wort ist nicht mehr direkt und transparent. Etwas breitet sich darüber und trübt es, verfälscht es. Man spürt sogar, daß für allerlei Gefühle, Eindrücke, Gedanken keine Worte zu finden sind und daß die Begriffe versagen.

Das Sprechen Gottes mit den 70 Engeln bedeutet, daß Er sich an die Spitzen im Wesentlichen wendet, dessen was auf Erden erscheint, an die Kräfte, welche dort die Entsprechung der 70 Völker hienieden sind und welche über den 70 Sprachen stehen. Was bisher als Einheit aufgetreten ist, spaltet sich zur 70. Das Wunder des von der Haflagah ausgenommenen Menschen ist, daß bei ihm die Eins bewahrt bleibt, die 70 sind bei ihm noch immer Eins. Die ajin ist bei ihm noch alef.

Die innere Fähigkeit dazu hat jeder Mensch. Als eine Einheit ist er erschaffen und als Einheit kann er leben. Er verspielt aber unversehens diese Einheit, wenn er mit ihr den Weg dieser Turmbauer geht. Die Einsicht und Durchsicht gerät ihm abhanden, das Wort versagt ihm seine Kraft, die Sprache reicht nicht mehr bis zum Ziel. Denn auf die Weise des migdal geht kein Mensch in den Himmel ein. Das Wort geht irre und beim Menschen entsteht Verwirrung. Seiner Erleuchtung steht er selbst im Weg, denn seine Absicht mit dem Wort ist im Hinblick auf den Himmel eine feindselige; so geraten bei ihm die Begriffe durcheinander und werden unsauber. Der Turm ist *nicht* der Weg des Menschen.

Migdal, der Turm, hat den Begriff gadol in sich und bedeutet groß, doch groß als Potenz. Er stellt sich als reichte er mit dem Haupt in den Himmel. Darum wird gesagt, daß der Mensch sein Haupt leicht gebückt tragen soll; er soll nicht den Platz Gottes einnehmen wollen. Das gilt in erster Linie in übertragenem Sinne. Der migdal ist Symbol für die Haltung des Menschen, der dem Himmel mit Überheblichkeit begegnet, der alles abhängig sieht von irdischer Wahrnehmung und Willensbildung.

110. Wo man den migdal baut, gilt das Leben des Menschen nichts. Alle Andacht ist dann von der Faszi-

nation gefangen, das unerhörte Bauwerk zu vollenden. Es zählt jeder Fortschritt, jeder Nutzen, der dem migdal etwas hinzufügt. Man hat keine Trauer für den Menschen übrig, den das Unglück aus den Reihen der Bauenden herausgerissen hat, man betrauert vielmehr den Stillstand, den dadurch der Bau erleidet[13].

Man mache sich keine materielle Vorstellung. Man sehe den Vorgang als Bild. Das Wort Turm mag irreführen.

Auf dem Weg des Fortschritts opfert man Menschenleben. Und das nicht buchstäblich. Verlorene Leben sind solche, denen der Sinn genommen ist. Kinder werden erzogen mit dem Ziel, sich in die Gesetze der Gesellschaft ohne wesentliche Ablenkung einzufügen und im Teamwerk eine namenlose Rolle zu spielen; der Turm muß wachsen. Erwachsene werden Neurotiker, sauer, sie verzweifeln an der gestellten Aufgabe. Das Leben ist ihnen abgebogen, verkürzt, ihre Lebenszeit verspielt. Und doch weiß man nichts anderes, als auf diesem Weg fortzuschreiten, auf dem man immerhin eine wenn auch dürftige Genugtuung findet. Man ärgert sich über auftretende Hindernisse, empfindet Stagnation als unerträglich, ist es doch ein Weg „aufwärts". Schulterzuckend findet man sich damit ab, daß die Vielzahl der Mitmenschen auf der Strecke bleibt; man geht nicht in sich, wenn man erfährt, daß 60% und mehr der Menschen neurotisch sind, und schlimmer als das. Wenn aber große Unternehmungen mißglücken, wenn ein „entscheidender Match" verloren geht, empfindet man das als nationale Schmach, als großes Unglück.

Den Wert, den der Mensch in dieser Buchhaltung hat, kann man nur als gering veranschlagen.

111. Wenn die Sprache verwirrt wird, hört das gegenseitige innige Einvernehmen auf. Es herrscht allgemeines aneinander Vorbeireden. Die Trübung des Verstehens führt zu Streit und Totschlag[13].

Es ist auch hier nicht angebracht, das einfach buchstäblich nehmen zu wollen. Wie könnte sich solches in *unserer* Welt überhaupt abspielen? Es mangelt am Eingehen des einen auf den andern. Und das Mißtrauen ist ein schlechter Ratgeber. So lebt man aneinander vorbei, als ob man in verschiedenen Welten hauste, geschieden durch den Tod.

Gewiß ist das buchstäbliche Morden und Töten, veranlaßt durch Haß und Vergeltung, aus Eifersucht und Habsucht, in Kriegen und Revolutionen, eine Konsequenz davon.

Der Mißbrauch der Begriffe und Worte schafft eine große Gleichgültigkeit von Mensch zu Mensch, denn was hat man sich noch zu sagen? Die Sprache wird Mittel zur Manipulation und Demagogie. Wenn man schon nichts Einigendes mitzuteilen hat, so will man doch eine billige Einigkeit im Äußerlichen herbeizaubern.

112. Wenn die Störung der Sprache über den Menschen hereinbricht, entscheidet sich auch das Los der 3 Gruppen. Jene, die den Himmel ersteigen wollten um ihn für die Erde zu erobern, werden über die weite Welt zerstreut und der Turmbau kommt zum Stillstand. Die

aber darauf aus waren, die Götter irdischer Form im Himmel aufzustellen, werden zu kofim, das sind Affen. Die Letzten hatten der höheren Welt ein Ende machen wollen; sie töten einer den andern[13].

Die mißgünstige Dreiheit ist auch in jedem Menschen am Werk. Diese drei sind in jedem Menschen, der den Weg des migdal geht. Die Welt, die dann entsteht, heißt Babel. Die Begriffe balbel und balul — verwirren, vermengen — hängen damit zusammen. Am Platze Babel gibt es keine Klarheit mehr. Darum ist die erste Gefangenschaft daselbst. Wenn der Tempel untergeht, wird alles trüb und unbestimmt, das Verschwommene schleicht sich ein, das Verwirrung Schaffende, das Mißverstehen. Die Verwüstung des Tempels kommt durch den König von Babel. Die Unwissenheit, die Unkenntnis der wesentlichen Struktur ist das Lebenselement dieser Stadt.

Die erste Gruppe verteilt sich über die Erde hin, sie zerflattert in alle Richtungen. Die Vielheit kommt auf, jede Idee von Einheit geht verloren. Den Himmel wollten sie der irdischen Verfügung öffnen, er sollte berechenbar und erd-konform werden. Die Gegensätze sollten zur Einheit gemacht werden: das Ergebnis ist eine bis zum Äußersten gesteigerte Vielheit. Unmittelbar vor der Erlösung aus Mizrajim wird auch Israel über die ganze Welt Mizrajims verbreitet (Ex. 5:12). Dann kommt die Phase der großen Vielheit.

Die zweite Gruppe wird zu „Affen". Der Mensch sollte seinen Fuß auf himmlischen Boden setzen um dort den auf irdische Weise gebildeten Gott einzusetzen und ihm dort zu dienen. Der Mensch, in welchem diese Hochfahrenheit herrscht, verliert das göttliche Ebenbild.

Wenn der Mensch den Himmel und den Gott des Himmels ignoriert und totschweigt, dann ist er ein ausschließlich irdisches Wesen, ohne Neschamah. Er ist dann das, was ihm hier als Affe erscheint. Er kann nur noch nachahmen, er kann kaum Neues, Durchbrechenderes mehr finden. Einzig und allein Körper ist er, nichts anderes. Der Bau des migdal bringt Menschen ohne Neschamah hervor.

Die aber den Himmel ausmerzen wollten, töten sich gegenseitig. Diese Welt verabsolutierend, leugnen sie das Bestehen der anderen Welt. Diese Gesinnung gönnt im Menschlichen dem Andersartigen keinen freien Raum. Das braucht keineswegs in ein buchstäbliches Töten auszumünden. Es genügt, daß man den Kreis seines Mitleids eng zieht, daß man allem Andersartigen abschätzig gegenübersteht, daß man seinem eigenen Erfolg mit Härte dient und dem Frieden keine Chance läßt. Die Entfremdung gegenüber Gott steht am Anfang eines inneren Absterbens und einer äußeren Unversöhnlichkeit.

Der Weg des migdal zeitigt all das. Und darin liegt auch die Konsequenz für dessen Erbauer. Sie haben den Weg des Menschen im Bilde Gottes gemieden und gerieten folgerichtig auf den Weg des migdal. In diesem Leben haben sie ihre Bestimmung verfehlt. Nur das Wunder der Teschuwah kann sie in diesem Leben noch retten, anders gehen sie mit diesem Leben zum Untergang. Was ihr ferneres Los ist, anderswo, entzieht sich dem Urteil dieser Welt.

113. Vom migdal verschwindet 1/3 in der Erde, 1/3 wird durch Feuer vom Himmel verzehrt, ein letzter Drittel bleibt in dieser Welt[13].

Das bedeutet, daß dieser Weg fortan illusorisch gemacht wird. Der übrige Teil hängt eigentlich in der Luft; weiterem Ausgreifen setzen Himmel und Erde ein Ende. Der Mensch ist zerstreut in übergroßer Vielheit. Und überdies hat er seine Neschamah verloren, weil er sein Gottesbild im Himmel aufrichten wollte. Seinen Mitmenschen hat er aus seinem Leben ausgeklammert, gleichwie der andere es auch mit ihm tut.

Was vom migdal noch übrig ist, ist ein Fragment. Von der Erde aus gibt es keinen Zugang mehr dazu. So geht es auch dem Menschen, der vom Baum der Erkenntnis nimmt; der Weg zum Baum des Lebens ist ihm versperrt. Auf andern Wegen wird er zu Gott kommen können; der direkte Weg ist abgeschnitten.

Wenn es aus Mizrajim befreit ist, geht auch Israel den langen Weg nach Kanaan (Ex. 13:17).

Der Mensch, der den Weg des migdal gegangen ist, sieht sich auf den langen Weg verwiesen. Abraham jedoch, und Schem und Ewer, gehen nicht den Weg des migdal. Bei ihnen bleibt das Wort offen und sie selbst bleiben der Mensch in Gottes Ebenbild. Auch Noach bleibt unberührt von diesem migdal-Weg. Das ist im Menschen das bleibend Menschliche. In jedem Menschen könnte das den wichtigsten Platz einnehmen.

114. Im biblischen Jahr 1996 stirbt Peleg. Dieses Ereignis fällt zusammen mit der Haflagah, der großen Verwirrung mit dem Wort, mit der Unfähigkeit sich auszu-

drücken. Der Name Peleg ist ja auch der Stamm des Worts Haflagah; er bekommt seine Bedeutung mit dem Ende seines Lebens, wenn die Haflagah eintritt, die Teilung, die Spaltung, der Streit. Der Gegensatz vertieft sich bis zur Unversöhnlichkeit.

Abraham zählt dann 48 Jahre, seine siebente Phase geht dem Ende entgegen. Von der Mabul her gerechnet sind es 340 Jahre (der Wert des Wortes Schem).

Es gibt eine Überlieferung[61], welche sagt, daß Noach, Schem und Abram doch am Bau des migdal teilnahmen. Sie blieben aber im Wesen frei von den Anschauungen, welche zum Bau des migdal führten.

115.   In dasselbe Jahr 1996 fällt der brith bein ha-besorim, der Bund zwischen den Stücken (sh. ,,Bauplan'') zwischen Gott und Abram. Sein Schauplatz ist der Libanon, der har-levanon[71]. Dieser Berg hat in sich den Begriff Weiß. Er erscheint hier auch mit dem schneebedeckten Gipfel, wodurch er auch die Zweiteilung anzeigt. Auch die Stücke werden ja zweigeteilt. Es ist die Gefangenschaft der 400, die dort geoffenbart wird (Gen. 15).

116. In der Zeit der Haflagah wird Chewron (Hebron) gebaut[72]. Chewron ist die Stadt der ,,4'', die kirjath arba. Die 4 Riesen sind dort in Gegenüberstellung zu den 4 sugoth, den 4 Paaren in der Machpelah. Sug ist Paar, das was zueinander gehört, was sich ergänzt.

117. Mit der Haflagah beginnt der Mensch sich in die 4 Richtungen zu zerstreuen. Den 70 Völkern entsprechen nun die 70 Sprachen. Der eine versteht nicht den andern.

Doch jedermanns Sprache ist die seine, ist die Sprache, in der er sich ausdrückt. Durch die 70 Engel kommen hier die 70 Sprachen.

Der Mensch baut nun Städte und benennt sie nach dem eigenen Namen oder nach dem Namen seiner Söhne[13]. Die Stadtwelt ist auf das Irdische ausgerichtet, ihre Bestimmung erschöpft sich im Diesseits. Im Gegensatz dazu erhält Jeruschalajim seinen Namen aus der anderen Welt. Der Name weist auf ein Sein im Himmel und ein Sein auf Erden hin.

118. Aus der Heirat der Kinder von Patros und Kasloch leiten sich die Pelischtim ab (Philister)[61].

Die Pelischtim gründen 5 Städte, die die Namen der 5 Gruppen tragen. Die Kinder Kanaans bauen 11 Städte.

4 Männer aus dem Hause Chams gehen hin und besetzen den kikkar. Ihre Namen sind Sedom, Amora, Adma und Zwoim. Die 4 Städte, die sie bauen, tragen ihre Namen[61].

Seïr, der Sohn Chors, der Sohn Chiwis, Sohn Kanaans, findet eine Ebene dem Berg Paran (80-1-200-50) gegenüber. Die Stadt, die er dort gründet, nennt er nach sich selbst Seïr. Bis heute wohnt er mit seinen 7 Söhnen in dieser Stadt (über Seïr auch Gen. 36: 20 ff).

Aschur, eine andere Richtung einschlagend, entfernt sich weit von den andern. Er, der Sohn Schems, bricht mit seinen Söhnen und vielen Menschen auf und läßt sich in einer Ebene nieder. Die Stadt, die er baut, heißt nicht nach seinem Namen. Er nennt sie Niniveh.

Arams Söhne legen die Stadt Uz an. Das ist der Name

des ältesten Bruders Arams[61]. Man denke an Uz bei Hiob.

Im zweiten Jahr der Haflagah zieht Bela aus Niniveh weg und baut eine Stadt Sedom gegenüber, die er Bala nennt. Das ist das Land und die Stadt Zoar, von der viel erzählt wird; über sie sind die Kinder Noachs König.

119. Nimrod baut 4 Städte: Babel, deren Name Hinweis auf die Verwirrung des Worts ist, die dort ihren Anfang hat. Seine zweite Stadt heißt Erech, die dritte Akkad. In Akkad herrscht ein großer Krieg. Die vierte ist Kalneh. In ihr kommt die große Macht Nimrods zu ihrem Ende, denn viele seiner Herren fallen von ihm ab.

Man empört sich gegen Nimrods Herrschaft und zieht von ihm weg[61]. Nimrod bleibt in Babel. Man nennt ihn nun Amrafel, weil ihn soviele im Stich lassen, und viele durch den migdal umgekommen oder in die 4 Richtungen zerstreut sind. Überdies wird er so genannt, weil er Abram in den kiwschan esch wirft, in den Feuerofen[61]. Dies alles bringt Nimrod nicht dazu von Teschuwah wissen zu wollen; er verharrt auf dem Weg des ra.

120. In dieser Zeit haben die Söhne Chams untereinander Streit. Kedorleomer, der König von Elam, geht weg aus der Welt Chams, er kämpft gegen dessen Söhne und unterwirft sie. Auch gegen die 5 Städte des kikkar zieht er ins Feld und macht sie sich untertan. Während der 12 Jahre ihrer Botmäßigkeit zahlen sie ihm einen jährlichen Tribut[13].

121. Wenn Abram 49 Jahre alt ist, im biblischen Jahr 1997 also, stirbt Nachor, der Vater Terachs. Hiob ist der Enkel von Uz, der selber der Erstgeborene Nachors ist.

Im 50. Jahr seines Lebens nimmt das Verweilen Abrams im Hause Noachs ein Ende, und er begibt sich zurück zu Terach, seinem Vater. In dessen Haus stehen 12 Götter, einer für jeden Monat. Das findet Abram in der Welt vor, die er verlassen hat, damals als Nimrod danach trachtete ihn, den Erlöser, zu töten. Und er zertrümmert diese 12 Götter[73].

Als Terach die Schmach der Götter sieht und erfährt, daß Abram es gewesen ist, der sie gestürzt hat, geht er zu Nimrod, um ihm zu sagen, daß ihm vor 50 Jahren ein Kind geboren sei, und daß es nun soweit gekommen sei, daß dieser Sohn seinen Göttern den Garaus gemacht habe.

Man bedenke, daß Abrams Rückkehr in die 8. Phase fällt; die 7 × 7 sind vorbei.

Terach verlangt, daß der Sohn gerichtet werde, damit man vom Unheil gerettet werde, das derselbe mit der Verwüstung der 12 Götter angerichtet habe. Drei Männer gehen hin um Abram vor Nimrod zu bringen. Nimrod entscheidet dann Abram in Schande zu töten, zugleich mit allen, die seinen Weg gehen. Abram bittet Gott diese reschoim, diese Bösen, zu erblicken und ihnen gemäß ihren Wegen zu antworten.

Nimrod befiehlt Abram zu binden. Im beth-ha-szohar, im Gefängnis, ist der Mensch „gebunden". Nicht im Einschließen besteht Gefangenschaft, sondern in der Verhinderung des Tuns durch den Menschen. Abram bleibt 10 Tage gebunden im Haus des Bindens[61].

Nimrod versammelt dann alle sarim, alle Herrscher, und die Weisen. Er erzählt ihnen was Abram getan hat, und man beschließt Abram im Ofen, wo die Steine, die lewenim, gebrannt werden, zu verbrennen[61].

Dorthin wird Abram gebracht werden, wo das irdische Material gemacht wird, das Material aus der bika, der Ebene. Er soll der Quelle des Materials, dem Erzeugungs-Kern dienstbar gemacht werden, der es dieser Erde ermöglicht den migdal zu bauen.

Jedes irdische Tun ist das Bauen an einem migdal. Denn das alles hat ein hohes Ziel und erhebt sich gegen dén Himmel. Die Gebäude der Menschen müssen, will der Mensch seinen Weg auf Gott hin richten, niedrig und bescheiden sein, sie sollen nicht in den Raum des Himmels einbrechen. Alles was auf Erden gigantisch ist und durch seine Konzeption Eindruck macht trägt den Wahn des migdal in sich.

Wenn einmal Abram ins Zentrum des Zubereitens der Bausteine zum migdal geworfen ist und er dort sein muß, dann verspricht sich die Welt davon das Ende Abrams in seiner Bestimmung Erlöser zu sein.

Das Land Kaschdim ist für diesen Ofen bekannt. Der Dienst an den 12 Göttern ist gleichbedeutend mit diesem Feuer, das jedermann aufzehrt. Es ist die Zeit. Die Kaschdim beurteilen ihr Opfer anders. Wer mitwirkt, daß dies Feuer im Gang bleibt, hilft, daß kein Unterbruch eintritt in der Herstellung des Baumaterials zum migdal. Mag der große migdal nun schon dem Zerfall anheimgefallen sein, jedermann baut an seinem eigenen. So ist es auch mit dem Moloch; man opfert seine Kinder der Zeit. Die Zeit verzehrt sie. Außerhalb der Zeit existieren die Kinder nicht. Man zieht sie auf zu nichts anderem als der Zeit geopfert zu werden. Eine

137

andere Zukunft sieht man nicht als Diplome, Karriere, Geld verdienen. Wieviele Kinder sind schon diesen Weg gegangen. Auf den Eltern liegt allemal Schuld!

123. Der Ofen in Kaschdim brennt 3 Tage und 3 Nächte, bevor Abram hinein geworfen wird.

Es ist die 4. Welt, in welcher dieses Wunder der Erlösung stattfindet. Diese 4. Welt grenzt auch an das, was das 50. Jahr Abrams genannt wird, die 8. Phase also.

Zum Schauspiel, das nun ablaufen wird, versammeln sich 900000 Männer und alle Frauen und Kinder.

Wenn die Zeitenkenner Abram sehen, sagen sie zum König: ,,Das ist doch der Mann, von dem wir vor 50 Jahren sprachen." Man erkennt, daß das vom Vater Terach dem König damals ausgelieferte Kind ein anderes war. Anstelle des eigenen sollte es getötet werden. Der König macht Terach Vorwürfe. Dieser bringt vor, daß seine Barmherzigkeit und sein Mitleid ihn zu dieser Tat gebracht hätten. Nimrod will nun wissen, wer ihm dazu den Rat gegeben habe. Terach zittert vor dem Zorn Nimrods und schiebt die Schuld auf Haran, seinen Sohn, der damals 32 Jahre alt gewesen war: er habe ihm den Rat gegeben.

Wohl traf dies keineswegs zu. Doch Terach spürt, daß Haran sich gegen diese Anschuldigung nicht wehren wird. Zu jener Zeit neigt Haran dem Abram zu, weil er dessen Wahrheit und Geradheit erkannt hat. Bislang hat er aber mit niemandem darüber gesprochen. Nur in seinem Herzen folgt er Abrams Weg[13].

Man beachte, daß Harans Denkweise *jetzt* seinen Vater veranlaßt, Haran dieser doch verborgen bleibenden Gesinnung zu bezichtigen. Denn es ist Wahrheit darin, daß etwas, was *jetzt* in der Zeit getan wird, Verbindung hat mit früherem Geschehen.

Der König befiehlt, daß Haran das gleiche Los zuteil werde wie Abram.

124. Haran denkt bei sich selbst, daß, sollte Abram gegenüber dem König rechtbehalten, er Abram folgen wird. Wenn aber der König sich als stärker erweisen wird, wird er dem König folgen[13].

Der König läßt ihnen nun die Kleider abnehmen, nur ihre Beinkleider, die michnasajim, behalten sie an. Denn diese gehören zum Menschen. Der wirkliche Mensch behält die Bedeckung seiner erwah, seiner Scham. Der Bruch des Menschen in den Geschlechtern soll nicht zum Faktum werden, soll nicht in Sichtbarkeit treten.

Die Hände und Füße werden mit Stricken von buz, von Byssusfasern, gebunden. Und so gebunden werden sie in den kiwschan esch geworfen. Gott aber steigt hernieder und rettet Abram. Der Brand erfaßt bloß seine Stricke. Abram geht im Feuer auf und ab während drei Tagen und Nächten, jedermann sieht ihn.

Haran aber verbrennt zu Asche, denn in seinem Herzen hatte er noch die Zweiheit. Er war nicht überzeugt, halb und halb erwartete er den Sieg Nimrods in dieser Welt[13]. Auch die Männer, welche Abram und Haran ins Feuer warfen, 12 an der Zahl, verbrennen.

Wenn man Nimrod berichtet, daß Abram im Feuer lebt, und daß wohl die Stricke, mit denen er gefesselt worden ist, im Feuer zerfallen, nicht aber seine michnasajim, will der Machthaber das nicht glauben. Er sendet andere Vertrauensleute, welche aber denselben Bericht bringen. Schließlich verfügt er sich selbst dahin, um sich mit eigenen Augen zu überzeugen. Er erblickt Harans Asche und er ist sehr erstaunt. Da gibt Nimrod den Befehl Abram aus dem Feuer zu holen, doch niemand wagt es sich dem Feuer zu nähern. Da der König auf seinem Befehl besteht, tun sie es schließlich doch. Das Feuer erweist sich als so stark, daß weitere 8 Männer verkohlen. Darauf erhebt Nimrod seine Stimme: ,,Tritt aus dem Feuer, Abram, du Knecht des Gottes des Himmels, und komme her!" Abram kommt heraus aus dem Feuer und tritt vor Nimrod. Da ihn dieser fragt, warum er nicht im Feuer umgekommen sei, antwortet Abram, daß der Gott von Himmel und Erde ihn gerettet habe.

125. Abram bezeugt den Gott des Himmels und der Erde, während Nimrod nur vom Gott des Himmels spricht. Nimrod sieht nicht ein, daß es der universale Gott ist, der Himmel *und* Erde macht. Darum hat er sich ja auf den Bau des migdal eingelassen.

Bewahrung in dieser Zeitwelt, in der die lewenim in der Feuersglut gebrannt werden, gibt es nur, wenn man sich nicht nach Nimrod richtet, seine Macht fürchtend, sondern ganz auf den Gott von Himmel und Erde baut. Gott ist es, welcher der Welt die Einheit zeigt, die Einheit, welche wir nur als grundsätzlichen Gegensatz erfahren.

126. Darauf kommt die Episode der 4 Könige. Ihre Absicht ist es Abram zu fangen und damit die Augen der Welt zu blenden[74].

Bei ihrem Raubzug ist es ihnen nicht um die andern zu tun; im Wesen geht es um Abram. Viel geschieht in der Welt, wobei die Menschen stets denken, daß es Auseinandersetzungen der Völker seien, Kriege um politische oder kirchliche Überzeugungen. Im Tiefsten jedoch — und das brauchen die Beteiligten selbst nicht einmal zu erkennen — geht es um die Augen der Welt. Diese wesentlichen Augen nehmen allein wirklich wahr, was vor sich geht und was auf dem Spiel steht. Darum sollen diese Augen ausgelöscht werden. Die 4 Könige ziehen herauf, dort in der höheren Sphäre, um Abraham für sie unschädlich zu machen.

Die Rettung aus dem kiwschan esch ist identisch mit der Rettung aus der Hand der 4 Könige.

Beim Zusammenstoß zwischen Abram und Nimrod strömen alle Völker zusammen. Da werden sie Zeugen, daß Gott selbst in der Welt bei einem solchen Geschehen eingreift. Dann sagen die Völker, daß sie gesehen haben, wie Gott Abram errettet, und sie fordern Abram auf, ihre Söhne zu unserweisen[74].

All dies geschieht beim Menschen. Auch in ihm kommt es zu dieser Konfrontation Abram-Nimrod, auch in ihm ziehen die 4 Könige herauf um das Augenlicht Abrams zu blenden. Jeder Mensch wird, insofern er Abram ist, in den kiwschan esch geworfen. Und auch hier geht es darum, *diese* (Abrams) Augen blind zu machen. Es kann geschehen, dadurch daß der Mensch jemandem begegnet, daß ihm eine Frage gestellt wird, daß er in einer Alternative wählen muß, es kann eine Phase in seinem Leben sein. Bei keinem bleibt es aus, weil jeder Mensch in diesem Bild zustandegekommen ist.

127. Mit 82 Jahren stirbt Haran in Ur Kaschdim. Man denke an die lewenim, wovon der Stamm (30-2-50), also auch 82 ist. Sein Tod fällt also in das Jahr 1998.

Alles fürchtet nun Abram und erweist ihm Ehrfurcht. Abram hatte getan, was unmöglich ist und was man für ausgeschlossen hält; er bewirkte dieses Durchbrechen des Wunders Gottes. Haran tut es auch, jedoch nicht mit dem vollen Vertrauen, dieweil er noch mit Nimrod rechnet. Er ist darum tot für die Welt, sein Einfluß hat kein Gewicht. Abrams Einfluß besteht; er wird von der Zeit nicht gemindert, und darum heißt es, daß Abram am Leben bleibt. Im Wesentlichen bleibt er in der Tat lebendig.

Durch Abram lernen die Menschen einen Gott kennen, wie auch immer sie vorhin gelebt haben. Das Wunder, das sich an Abram erzeigte, hat sie gerettet, sie, die zuvor seine Feinde waren [61].

128. Jetzt zeichnet Nimrod Abram mit Geschenken aus. Dazu gehören die zwei vornehmsten Knechte des Königs. Des einen Name ist Oni, der zweite heißt Elieser und ist auch der Sohn Nimrods [61].

Elieser bedeutet „mein Gott ist Hilfe". Dieser Knecht kommt aus der Hilfe, welche Gott Abram bei seinem

Kampf mit Nimrod zuteil werden läßt. Er wird der Sohn Nimrods, welcher Abrams Teil wird. Aus diesem Geschehen mit dem kiwschan esch stammt er.

129. Der Name des andern Knechtes, Oni, hat die Bedeutung von Wahrsagen, ein Wahrsagen im Sinn von Magie, von irdischen Kräften Gebrauch machend. Es ist ein sich der Zeit Anheimgeben, wobei man sich des Menschlichen entleert. Man gewinnt dadurch einen rein körperlichen, animalisch-physischen Kontakt mit dem Fließenden, welches wir Zeit nennen. Das Wort onah (70-6-50-5) drückt darum auch das typisch Zeitliche aus. Der Stamm dieses Wortes: on (70-6-50) bildet auch das Wort awon (70-6-50), Sünde. Awon ist Sünde im Sinn des Absehens von Gott bei jeglichem Urteilen über die Dinge.

Das Bibelwissen urteilt, daß das Ausschließen des *wachen* Bewußtseins zu Magie führt. Magie ist dann eine Technik, welche eben das, was am wesentlichsten menschlich ist, außer acht läßt. Wohl teilt sich einem dann viel mit, was im Zeitstrom mitfließt, man hat sich dazu aber als Mensch erniedrigt und ist in diesem Strom mitgeschwommen. Das Wahrsagen ist etwas Tierisches, der Mensch entmenscht sich damit. Das Bibelwissen lehrt, daß sich der Mensch Einsicht und Durchsicht, durch alles was Zeit ist, aneignet, wenn er seinen wachen Zustand bewahrt. Er genießt dann eine Klarsicht voll Freude und findet sich überwältigt von der Großartigkeit von Gottes Wort. Niemals kann Trance dazu gelangen. Der Rauschzustand hat tierischen Charakter, und das ist das „verbotene" Zaubern. Die mizwah ist ja identisch mit Wach-Sein.

Nimrod gibt als einen der Knechte diesen Oni mit, in Gegenüberstellung zu Elieser, dessen Name aussagt, daß alles aus Gott kommt, daß man die Wahrheit nur erkennen wird durch seine Verbindung mit Gott.

130. Oni (70-6-50-10) hat als Wert 136. Auch der Atbaschwert ist 136 (7-80-9-40). *Das* ist das Zaubern mit der Zeit. Es ist rund und glatt. Die andere Seite wird einfach nicht zugelassen; es *gibt* keine andere Seite, die Gegenseite ist verpönt.

Von Elieser (1-30-10-70-7-200) ist der Atbaschwert 540 (400-20-40-7-70-7). Die beiden von Nimrod stammenden Knechte sind demnach in ihren Gegen-Werten 136 und 540 = 676. Und 676 ist die 26, der Schem, 10-5-6-5 in seiner Erfüllung, als Quadrat.

Oni ist die eine Seite und Elieser ist die andere; so wie die Kräfte des ra und des tow sich ergänzen. Elieser findet Riwkah, Elieser überwindet die 4 Könige. Er ist ja die 318, welche für Abram kämpft (Gen. 14:14). Sein Name ist doch schon 318 (1-30-10-70-7-200) und er sagt aus, daß Gott die Hilfe ist. Damit werden die 4 Könige besiegt. Die 26^2 bringt die Einheit des Ganzen.

131. In Gen. 2:12 werden die Geschenke genannt, welche Abram ferner empfängt. Es sind Gold (sahaw, 7-5-2), kesef (20-60-80) Silber, und bedolach (2-4-30-8). Gold und Silber stehen sich als Gegensätze, als rechte und linke Seite gegenüber. Bedolach ist der Kristall in der Mitte. Sein äußerer Wert ist 44, sein Gegenwert ist

480 (300-100-20-60), was 12 × 40 entspricht. Der volle Wert ist 1328 (412-434-74-408), was 16 × 83 gleichkommt. Das ist die 4^2 in der gewöhnlichen Zahlenreihe mit der 5^2 in den Primzahlen.

132. Viele Knechte und Herren von Nimrod schließen sich nun Abram an, 300 in der Zahl. Sie ziehen zu Terach und sie bringen das Herz vieler Menschen dazu, sich in ihrem Leben nach Gott zu richten.

Nachor und Abram nehmen in diesen Tagen die Töchter Harans zu Frauen. Nachors Frau heißt Milkah (40-30-20-5), die Abrams Sarai (300-200-10). Abram zählt jetzt 50 Jahre.

Die bereits angeführte andere Überlieferung sagt, daß Abram bei seiner Hochzeit 25 ist. Es besteht also eine Wiederholung beim Doppelten. Sarai hat auch den Namen Jiskah (10-60-20-5). Das ist 95 wie auch der Atbasch von Sarah (2-3-90) 95 ist. Milkah und Jiskah haben denselben Wert, 95. Die 25 und die 50, die für die Heirat Abrams genannt werden, zeigen ein Geschehen auf zwei Ebenen an. Bereits die Namen der Frauen deuten das an[75].

133. Zwei Jahre nachdem Abram den kiwschan esch durchlebt hat, — es ist das Jahr 2000 — hat Nimrod einen entscheidenden Traum. Abram zählt dann 52 Jahre. Nimrod regiert als König in Babel. Im Traum sieht er sich selbst, inmitten seines Heeres, am kiwschan esch stehen. Dieser kiwschan esch ist das Symbol der Welt Nimrods. Hier werden die Steine gebrannt, die den Aufstieg möglich machen um groß zu werden und den

Himmel zu suchen. Wie sich in Mizrajim alles am Strom abspielt, konzentriert sich in Babel alles um den kiwschan esch, beim Feuer.

In seinem Traum sieht er wie Abram aus diesem kiwschan esch kommt, in seiner Hand ein gezogenes Schwert haltend. Er läuft auf Nimrod zu und dieser ergreift vor ihm die Flucht. Da wirft Abram ein Ei nach dem Haupt Nimrods. Aus dem Ei kommt ein großer Strom, in welchem das ganze Heer Nimrods untergeht und schwindet. Der König entkommt und flieht mit drei Mannen. Als Nimrod diese drei Gestalten näher ins Auge faßt, erkennt er, daß sie königliche Kleidung tragen und dem König völlig gleichen. Der Strom kehrt sodann zum Ei zurück. Aus dem Ei aber kommt ein kleiner Vogel, der auf das Haupt Nimrods zufliegt und ihm das Auge auspickt. Sehr entsetzt erwacht der König und läßt unverzüglich seine Weisen und Zeitenkenner kommen um ihnen den Traum vorzulegen[61].

Was bedeutet dieser entscheidende Traum im Jahr 2000? Die erste Phase von 2000 ist zum Ende gekommen, die zweite geht an. Die 2000 ist der Ausdruck der *eins*, der elef, der 1000, in der Welt der Zweiheit. In der Zweiheit zählt man mit 2000 anstatt mit 1000.

Die erste Phase endet mit einem Traum bei Nimrod. Der Traum hat die Bilder als Symbole. So kennt auch die Erinnerung im Leben jene Momente aus der Jugend und aus späteren Jahren, welche als Bilder mit deutlicher Schärfe bewahrt bleiben, während andere Momente, weitaus die meisten, weggesunken sind. Die Momente, die sich in unserer Imagination festgesetzt haben, sind nach unsern Auffassungen nicht einmal die wichtigsten. Sie erweisen sich aber als unauslöschlich. Man sagt nun, daß diese Momente für das Wesentliche des Menschen bestimmend sind. Die entsprechenden Bilder sind Ausdruck dessen, was für das Leben des Menschen in dieser und in anderen Welten entscheidend ist. Darum haben sie auch einen vorzüglichen Platz in der Erinnerung und stellen sich ohne weiteres ein, wenn man über das Wesentliche im eigenen Leben nachdenken will. Diese Bilder sind dann wie die Traumbilder. In *ihnen* drückt sich das Bestimmende aus.

So schaut der König der Welt, und das *ist* Nimrod in dieser Phase (sh. ,,Esther''), als bestimmende Gestalt für seine Welt, Abram lebend aus dem sonst unwiderruflich entseelenden kiwschan esch hervorgehen. In der Welt Babels muß der Mensch notwendigerweise in diesem umformenden Ofen vom Feuer verzehrt werden. Es ist der Gott Moloch, dem man dient und der mit seiner Unwiderstehlichkeit alles zu Asche macht, alles schnell konsumiert, schnell der Vergessenheit überliefert. Das Erstaunliche ist nun, daß Abram durch das Feuer nicht seine Menschengestalt verliert; er sinkt nicht in Vergessenheit, und das kann nur geschehen, weil eine andere, unbekannte Welt bewirkt, daß er in jedem Moment lebendig und stark aus der Esse dieser Welt herauskommen kann. Babel kennt die 12 Götter; hier erweist sich eine 13. Macht, die erahnte unbekannte Macht, die man fürchtet, welche die 12 beherrscht und bestimmt.

Dieses Ereignis ist für die Welt Nimrods so erschütternd, daß der König dieser Welt die Flucht ergreift. Zusammen mit ihm sucht die ganze Welt von Babel, die sich doch zu nichts anderem zusammengefunden hatte als der Verbrennung Abrams beizuwohnen, das Weite. Am Ende der Zeit, 2 Jahre vor der 2000, hatte ihre Menge das Verzehrtwerden Abrams mitanschauen wollen, sie ist es nun selbst, welche zerstiebt. Entsetzt über das Entschwinden der Welt, sieht ihr König wie Abram ein Ei nach ihm wirft.

Am Ende wird die Bewegung der Welt zur Flucht. Das Geschehen hat sich der Einwirkung des Königs entzogen und er sieht *das* als Bild, daß die Welt keine Bleibe mehr hat. Und er hat Angst vor diesen Bildern, die nicht mehr er ausgeheckt und aufgezwungen hat, sondern die von selbst aufgekommen sind.

Die Flucht der Welt bedeutet, daß die Welt ihren gewohnten Platz verläßt. Die Vielfalt des Geschehens wird unübersichtlich, man wechselt unruhvoll von Ort zu Ort, springt von Gedanke zu Gedanke, von Emotion zu Emotion, von Erfahrung zu Erfahrung. Nirgends ruht man mehr. Und auf einmal kommt das Ei. Was bedeutet es?

134. Beza (2-10-90-5) ist Ei. Im Ei und durch das Ei entwickelt sich das neue Leben. Im Ei besitzt das in seinem Höhepunkt stehende vorige Leben die Bekräftigung, daß ihm ein Weiterleben beschieden ist. Es ist selbst Träger dieses Zukunftsträchtigen. Durch die Einswerdung dessen was zwei ist, kommt es zum neuen Leben mit dem Ei. Es ist das Ei, welches das Leben in diese Welt hineinträgt. Ohne das Ei bliebe das Leben hier ungeboren, es würde anderswo aufgehalten und könnte nicht durchkommen. Das Ei spielt seine Rolle beim Übergang von einer Welt zur andern. Und hier ist

der große Übergang, die ersten 2000 gehen weg und die zweiten kündigen sich an.

Beza hat als verborgenen Wert 444 (voller Wert 412-20-104-15, vermindert um den äußeren Wert von 107), also die „4" in allen Ebenen. Wenn beza in der kurzen Wurzelform geschrieben wird als 2-90-5, ergibt der verborgene Wert 434 (412-104-15 gekürzt um 97). Das ist daleth (4-30-400), die 4, dieselbe Zahl wie die von Geburt (400-30-4), und somit auch wieder das, was das neue Leben aus dem alten fördert. Nur durch einen Vater und eine Mutter kann ein Ei bestehen. Diese Eltern sind primär, sie sind geschaffen, erschaffen von Gott. Die Frage, welches von den zweien zuerst gewesen ist, das Huhn oder das Ei, stellt sich vom Bibelwissen aus nicht. Das Huhn ist voll ausgewachsen hierhergekommen, sozusagen aus der andern Welt herabgestiegen. Die Fähigkeit zum Ei hat die Henne schon in sich.

135. Das Ei umschließt das Leben, das kommen wird. Dieses neue Leben heißt efroch (1-80-200-8); so heißt auch der junge Vogel, das Kücken. Das Wort hat den Sinn perach in sich (80-200-8), Blüte, Blume, das Fruchtbare (par, 80-200). Efroch, die Frucht beim Vogel, ist 289 oder 17^2. Das Vorige ist vollendet, denn mit 17 wird ja das alte abgeschlossen. Die totale 17 zeigt sich in den 153 Fischen, die aus dem Wasser gezogen werden (Joh. 21 : 11). 289 ist dagegen die 17, die sich erfüllt hat, die 17 im Quadrat. Das Neue ist die Frucht, welchem vorangeht das Fruchtbare. Die par (80-200) bekommt als Vervollständigung die cheth, die 8.

136. Das Ei enthält eine neue Welt. Wenn dasselbe an

Nimrod zerschellt, öffnet es sich, einen unermeßlichen Wasserstrom entlassend, der alles aus der alten Welt wegspült. In diesem Wasserschwall geht alles, was zu Nimrod gehört, unter. Und dann findet sich Nimrod auf der Flucht mit den Dreien zusammen, welche aussehen als wäre er es selbst, die aber drei Könige sind. Der Wasserüberfluß kehrt indes wieder ins Ei zurück. Nun das Alte weg ist, hat das Neue Raum. Die alten Welten werden auch weggenommen, damit die neue sein kann. Das ist das Erste, was das Ei aussendet.

Das Neue selbst kommt nun in der Gestalt eines kleinen Vogels, welcher auf Nimrod losfliegt und ihm das Auge auspickt.

Das Ei steht in Verbindung mit dem Begriff Vogel. Es ist das Wesen, welches sich von der Erde fliegend zum Himmel erheben kann. Das gilt auch für die Fische, die im Wasser auf- und absteigen können. Dort, an der oberen Grenze ihres Bereichs, scheint eine andere Welt zu bestehen. In der umgekehrten Richtung kann der Vogel das Wasser auch nur sehr flüchtig durchbrechen; das Wasser kennt er als eine fremde Welt.

Flügel und Flossen kennzeichnen ihre Fähigkeit zum Flug. Ohne Flossen kann der Fisch nicht fliegen, er gehört dann zur Schlange, die nur *diese* Welt kennt und die es nicht wagen kann sich zu erheben. Was die Federn dem Vogel, sind dem Fisch die Schuppen. Ohne die Federn kann der Vogel nicht fliegen, ohne die Schuppen ist der Fisch nicht das sich in verbindender Weise bewegende Wesen. Der Mensch ist beiden gleich, dem geflügelten Vogel und dem Fisch mit Schuppen und Flossen.

137. Die Vogel-Eigenschaft hat der Mensch in seinem Adler-Wesen, dem Wesen, das im Verein mit den drei andern an Gottes Thron steht. Man vergleiche das, was bereits in früheren Schriften über die merkawah erzählt worden ist. Es macht den Menschen aus, sich zwischen Himmel und Erde bewegen zu können. Die Fähigkeit dazu ist ihm eingeschaffen. Zum Aufstieg zum Himmel kann ihm irdisches Material nicht verhelfen. Das Aufschichten von Bausteinen, zu dem Nimrod den Menschen anhält, ist eitel. Wer sich diesem Tun verschreibt, wird durch den efroch angefallen, der aus dem beza pfeilt. Aus dem beza, über welches Abram verfügt, wenn er lebend aus dem Ofen hervorgeht. Aus dem Ofen, der die Wirksamkeit hat, alles was in ihn eingebracht wird zu gleichmäßigen Bausteinen umzuformen, nützlich zum Bau des migdal, der dem Menschen sein Menschliches durch seine anhaltende Glut entreißt. Das Sefer ha-Jaschar erzählt, daß Babel ein Menschenleben leicht verschmerzt, dem Baumaterial jedoch höchsten Wert beimißt.

Die nicht für möglich gehaltene Welt, der neue Mensch, der aus dem Ei kommt, raubt das Auge Nimrods. Der Mensch als der wirkliche Flügelträger, der sich aus eigener Beflügelung — unabhängig von mühsamen Konstruktionen — zwischen Himmel und Erde bewegen kann, steht demjenigen gegenüber, der die Vermessenheit verkörpert zum Himmel über werkmäßig aufgeschichtetes irdisches Material aufsteigen zu wollen. In dieser Konfrontation verliert dieser andere, König Nimrod, sein Augenlicht. Das sieht die treibende Kraft des migdal im Jahre 2000, es teilt sich ihm im Traum mit, daß sein Reich zu Ende ist. Der technische Mensch, wenn wir ihn so nennen dürfen, wird blind. Er gewahrt nicht mehr, was die Welt ist und was sich mit ihr ereignet.

138. Wenn Nimrod diesen Traum erzählt, wenn er diese Bilder zur Erde hin durchgibt, erhebt sich einer seiner Weisen, Anuki, und deutet aus, daß der Traum auf Abram, den Iwri, hinweist. Er fügt hinzu, daß bereits vor 52 Jahren, bei Abrams Geburt 1948, die Weisen gewarnt haben. Durch Lauheit habe man diesen Iwri zu töten verfehlt[61].

Sogleich verfügt nun Nimrod, daß Abram ergriffen und vor den König gebracht werde. Hier solle er unfehlbar getötet werden, damit nicht wieder ein Irrtum geschehe und der wahre Abram entkomme.

Elieser, der Sohn Nimrods und Knecht Abrams, den der König dem Abram verehrt hat, wohnt der Beratung bei. Er eilt und überholt die Häscher und berichtet seinem Herrn von des Königs Absicht[61]. Abram entkommt und birgt sich bei Noach und Schem, bei denen er sicher verborgen bleibt. Des Königs Knechte fahnden überall nach ihm, zu Noach und Schem können sie aber nicht hinfinden. Bei diesen Beiden ist das „Lehren der Thora" und dort weilt der Iwri in Sicherheit. Nach einfacher Logik kann man sich nicht vorstellen, daß Nimrod nicht zuallererst beim Vorgeschlecht Abrams Nachschau halten soll. Noach ist der 10., Schem der 11., während Abram der 20. ist in der Reihe der Generationen; die einen bilden den Anfang, Abram den Abschluß der

Reihe. Für Nimrod ist diese Welt geschlossen und er begreift nicht, daß dort Abram verborgen sein könnte. Die Welt Nimrods herrscht in ihrer eigenen Realität, eine Realität der Lehrschule, der jeschiwa, kennt sie nicht.

139. Nach Verlauf eines Monats kommt Terach um Abram am Ort seiner Bewahrung aufzusuchen. Abram warnt Terach, daß er am Ende der Tage doch in den Untergang gerissen werde, wenn er bei Nimrod bleibe. In dessen Reich ist Terach einer der Großen, Nimrod überhäuft ihn mit Ehren[61].

Die Welt Nimrods pflegt jeden, der ihr dient, groß und mächtig zu machen. Macht ist ihre Natur und etwas anderes kann diese Welt nicht geben. Am Ende der Zeit ist Macht zerronnen und es erweist sich, daß die Ehren Schaum gewesen sind.

Terach, als der 9. in der neuen Reihe der Geschlechter, vom Beginn des Menschen an aber der 19., ist vom Ursprung weit abgekommen. Am Ende hat der Mensch vom Ursprung großen Abstand erreicht. Von den Gedanken Nimrods wird er leicht verführt und ganz verhaftet. Mit dem Kommen Abrams geschieht jedoch ein großer Durchbruch. Es geschieht das Wunder, daß der Mensch den Wahnsinn seines Wegs begreift und daß er sich gründlich davon abwendet. Und tut er das auch nur für sich selbst, so entsteht doch allein schon dadurch große Unruhe bei den wesentlichen Kräften der Welt. Sein Vater Terach, die vorletzte Generation, begreift nicht, aber er spürt doch, daß etwas Bedeutungsvolles sich anbahnt.

140. Abram macht Terach aufmerksam darauf, daß alles, was Nimrod an Lohn und Ehren hergibt, beiträgt zur Stärke der Stellung des Königs[61]. Sein Königtum stützt sich auf jene Menschen, die sich an verliehener Macht und mittelbarem Ruhm sonnen, und die nicht weiter fragen, noch auch tiefer nachdenken um das Empfangene unbefangen zu wägen.

Abram rät Terach, die Welt Nimrods zu verlassen und sich nach Kanaan zu begeben[61]. Dort ist der Ursprung dieser Schöpfung, von da her ist die Erscheinungsform dieser Welt ausgegangen. Im Ursprung allein kann man Gott erkennen und dienen.

Gegenwärtig ist der Ursprung verdunkelt, da Kanaan, der 4. Sohn Chams, jenen Platz besetzt hält. Kanaans Anwesenheit dort ist Zeichen davon, daß Gott den Zimzum gemacht hat. Solange herrscht der Weg des ra vor, der Weiterentwicklung. Die Welt dehnt sich weit hin zum Äußerlichen, um am Ende eine eigentliche Explosion zur Äußerlichkeit zu erleben.

Im 20. Geschlecht aber ist dieser äußerste Punkt erreicht; dort im 10. der zweiten Reihe setzt die Wende ein, die Umkehr. Etwas vom Iwri, welcher die Ursprungskraft in sich hat, begibt sich nun in dieses Gebiet des Ursprungs zurück. Vom Äußersten her unternimmt es diese Iwri-Kraft den Rückweg einzuleiten. Und damit wird wieder beim Ursprung angeschlossen.

Es ist so bei jedem Menschen. Der Ursprung ist dort im Garten Eden, dort ist der Baum des Lebens. Darum ist die Teschuwah, die alle Konsequenzen in Kauf nimmt, so wichtig.

Den Vater Terach, seinen sichtbaren Erzeuger, das ihm in der Zeit Vorangegangene, will der Mensch mitnehmen; nun das Ende der Tage heraufzieht, soll das sichtbar Vorangegangene errettet werden.

141. Terach hört auf Abram und begreift die Lage. Er nimmt auch Lot, Harans Sohn, und Sarai, Abrams Frau mit, samt allem, was an Nefesch zu ihnen gehört. Und sie verlassen Ur Kaschdim in der Welt Babels und ziehen ins Land Charan. Das Land Charan ist sehr ausgedehnt, ist sehr fruchtbar und anziehend. Die Bewohner des Landes finden sich bei Abram ein, und er lehrt sie die rechten Wege. Drei Jahre wohnen sie zusammen in Charan [61].

Unterwegs nach Kanaan bietet sich dem Menschen auf einmal eine einladende andere Welt an. Sie ist reich an allem Guten, das der Mensch stets verlangt und gesucht hat. Friedliche Ruhe breitet sich da aus, unangefochtene Wohlfahrt, und es gibt eine Vielfalt an Früchten. Die Menschen sind willens, die Wege Gottes gelehrt zu werden, und Abram leitet sie darin an. Darüber vergißt man Kanaan, vergißt den Sinn von allem, man läßt außer acht, daß man den Ursprung besetzen muß; alles was gelebt und gelitten hat, muß befreit werden. Darum ist man hier.

Es ist hier an das Ende des Zuges durch die Wüste zu erinnern, wo man sich dem großen Ziel verschließen wollte, um im fetten Grenzland von Sichon und Og zu siedeln. In der Tat fürchtet Moses, daß man darob das Land Kanaan vergessen wird. An jedem Ende der Zeit ist die Versuchung groß, sich niederzusetzen, sich hier für die Dauer einzurichten und darüber den Menschenauftrag verloren zu geben, *alles* erlöst zu sehen. Man urteilt, den Ursprung sich selber überlassen zu dürfen, gibt sich dem Frieden mit dem guten „ra" hin und verdrängt die Vielzahl der unerlösten Menschen in aller Welt und in der Vergangenheit aus dem Gedanken. Wo werden diese alle eine Stätte finden? Wo befinden sich auch jene, die wir gekannt haben, und die von uns gegangen sind? Wo weilt all das, was in Unrecht und ra verkommen ist?

FUSSNOTEN

Die hier angeführten Schriften sind im allgemeinen nur in aramäischer oder hebräischer Sprache erhältlich.

1. Jalkut Schimoni
2. Seder ha-Doroth
3. Das Wort ‚Gebot' für Mizwah gibt keinen richtigen Eindruck. Man hat den Zusammenhang zwischen den Begriffen gebieten, bieten und wachsein, geweckt sein, fragen, hören, schenken, empfehlen, meistens vergessen. Das indogermanische bloidh enthält noch alle diese Bedeutungen. Man denke in diesem Zusammenhang auch an Buddha, welches Wort „der Geweckte, der Wache" bedeutet. Im Worte Mizwah sind alle diese Bedeutungen ebenfalls noch mit inbegriffen. Durch eine gewisse Degeneration der Sprachen ist nur noch das Gebieten, Befehlen, übriggeblieben.
4. Midrasch Tanchumah
5. Sefer ha-Jaschar
6. Midrasch Bereschith Rabba
7. Pirke de-Rabbi Elieser
8. Midrasch Bereschith Rabba
9. Pirke de-Rabbi Elieser
10. Jalkut Schimoni
11. Bechai
12. Torath Chajim
13. Sefer ha-Jaschar
14. Sohar: Parscha Toldoth
15. Schalscheleth ha-Kabbalah
16. Abarbanel Kommentar zur Thorah
17. Midrasch ha-Ne-elam
18. Midrasch Rabba zu Koheleth (6, 3)
19. Kommentar Raschi zu dieser Stelle
20. Kommentar Ramban zu Bereschith
21. Kewanoth ho-Ari
22. Midrasch Bereschith Rabba
23. Chessed le-Awraham
24. Jalkut Re-uweni
25. Minchath Jizchak
26. Sefer Juchesin

27. Pa-aneach Raza
28. Jossipon und Sefer Juchesin
29. Kommentar Raschi zu dieser Stelle
30. Gilgulej Neschamoth
31. Sefer Juchesin
32. Jalkut Schimoni
33. Sifse Kohen
34. Jalkut Re-uweni
35. Zioni
36. Seder Olam
37. Midrasch Bereschith Rabba
38. Mekor Chajim
39. Chessed le-Awraham
40. Jalkut Schimoni
41. Sefer Miklal Jofi
42. Midrasch Abkir
43. Sohar Bereschith
44. Jalkut Schimoni
45. Seder ha-Doroth
46. Mischnah Aboth 5, 24
47. Jalkut Re-uweni
48. Galej Razej
49. Seder ha-Doroth
50. Tana de-bei Elijahu
51. Jalkut Re-uweni
52. Zemach Dawid
53. Sefer Juchesin
54. Midrasch Schmoth Rabba
55. Seder ha-Doroth
56. Bechai
57. Midrasch Bereschith Rabba zu Noach
58. Midrasch Rabba zu Soth ha-Brachah (Dewarim)
59. Be-er Awraham zu Perek 4, Traktat Pessachim
    vom Talmud Bawli
60. Schalscheleth ha-Kabbalah
61. Seder ha-Doroth
62. Jalkut Re-uweni
63. Raschi zu Traktat Sanhedrin 28 vom Talmud Bawli
64. Traktat Baba Bathra 91 a vom Talmud Bawli
65. Bechai

66. Gilgulej Neschamoth
67. Talmud Bawli: Traktat Nedarim und Traktat Joma;
    Midrasch Rabba Wajigasch und Toldoth; Ramban Hilchoth
    Akum
68. Chessed le-Awraham
69. Emek ha-Melech
70. Jalkut Re-uweni
71. Midrasch Tanchumah
72. Jalkut Re-uweni
73. Jalkut Schimoni
74. Sohar zu Lech Lecha
75. Kommentar Raschi zur Stelle.

AUTOBIOGRAPHISCHES
UND ÜBER
WEITERE WERKE VON FRIEDRICH WEINREB

Am 18. November 1910 in Lemberg, damals Österreich-Ungarn, heute UDSSR, geboren.

1914—1916 Wien.

1916—1918 Schulen und akademische Ausbildung in Nationalökonomie und Statistik in Holland (Scheveningen und Rotterdam).

1932—1942 Wissenschaftlicher Mitarbeiter am Niederländischen Ökonomischen Institut. Studium auch in Wien und an verschiedenen deutschen Universitäten. Forschungsleiter und Lehrtätigkeit in Rotterdam.

1942—1948 aktiver Widerstand während der Nazi-Besetzung. Gefangenschaft, Lager, Flucht und Versteck. Opfer politischer Nachkriegswirren und Untersuchungshaft. Lobende Würdigung dieser Periode im vom Niederländischen Staat herausgegebenen, von Prof. Dr. J. Presser als Historiker geschriebenen Werk ,,Ondergang''.

1952—1964 Lehrtätigkeit in Jakarta, Kalkutta und Ankara. Neben den Ordinariaten und Gastprofessuren auch Dekan, Rektor und Institutsleiter. Experte am Internationalen Arbeitsamt und bei den Vereinigten Nationen in Genf.

1932—1961 zahlreiche Publikationen, worunter umfangreiche Werke, auf dem Gebiet der mathematischen Statistik und der Konjunkturforschung.

1926—1945 wachsendes Interesse und intensives Studium aus eigener Initiative von Fragen über den Sinn des Daseins. Studium der allgemeinen und der naturwissenschaftlichen Philosophie. Zunehmende Beschäftigung mit den Quellen des alten jüdischen Wissens, wozu aufgrund der chassidischen Herkunft eine starke persönliche Beziehung bestand. Vorlesungen in Religionsphilosophie und Judentum in privaten Kreisen. Versuch zur Auffindung einer Brücke zwischen den religiösen Erfahrungen und dem sich entwickelnden Wissen der Menschheit. Verzicht auf jegliche politische und organisatorische Betätigung.

1945—1964 entscheidende Erfahrungen, Erkenntnisse und Einsichten. Erste Niederschrift dieser Erfahrungen und Studien in Form kurzer Notizen. Diese heute mehrere Zehntausende von Seiten umfassenden Notizen bedeuten einen Wendepunkt in der Art der Annäherung. Entdeckung wichtiger Schlüssel zu einem noch unbekannten Elementargebiet, wo mystische Erfahrung und exaktes Wissen zusammentreffen. Wendepunkt auch in Weinrebs Leben.

1962 erste — und da es noch unbekanntes Terrain betrifft — vorsichtige Niederschrift dieses wiederentdeckten Wissens in Hinblick auf eine Veröffentlichung. Diese Niederschrift wurde 1963 unter dem Titel „Die Bibel als Schöpfung" in holländischer Sprache veröffentlicht. Eine stark gekürzte Fassung erschien 1965 in deutscher Sprache im Origo-Verlag Zürich unter dem Titel „Der göttliche Bauplan der Welt. Der Sinn der Bibel nach der ältesten jüdischen Überlieferung." Diese Publikation erregte großes Aufsehen und wurde dadurch zum Anlaß weiterer Veröffentlichungen auf diesem Gebiet.

1964 Entschluß, sich von nun an ausschließlich dem weiteren Studium des alten jüdischen Wissens und der schriftstellerischen Arbeit zu widmen. Gründung der „Akademie für die Hebräische Bibel und die Hebräische Sprache" in Holland (Sekretariat: Bussum, Burgemeester s'Jacoblaan 20), die ein Forum für Weinrebs Vorlesungen wurde und die diese Vorlesungen auch laufend veröffentlicht. Gründung der „Prof. F. Weinreb-Stiftung" zur Förderung dieser Studien und Veröffentlichungen. Verschiedene dieser Veröffentlichungen kamen auch in deutscher Sprache beim Origo-Verlag heraus. So im Jahre

1968 „Die Rolle Esther", eine Studie über die Esther-Überlieferungen und über die Bedeutung des Zufalls.
1969 „Die Symbolik der Bibelsprache", eine kurzgefaßte Sammlung von Vorlesungen über die hebräische Sprache, eine Studie über die Urstruktur und Urerkenntnis der hebräischen Sprache.
1970 „Das Buch Jonah", Vorlesungen über die mystische Jonah-Erfahrung im Menschen.
1971 „Hat der Mensch noch eine Zukunft?", ein kleineres Buch über allgemeine Fragen unserer Zeit, eine Entgegnung auf den Pessimismus.
1972 „Die jüdischen Wurzeln des Matthäus-Evangeliums", eine Veröffentlichung von Tonbandaufnahmen von Vorlesungen über den Anfang des Matthäus-Evangeliums. (Die Aufnahmen von den weiteren Vorlesungen sind als Kassetten über Isiom, Alfred Escherstr. 9, 8002 Zürich, erhältlich.)
1974 Veröffentlichung des ersten Bandes von Weinrebs Autobiographie unter dem Titel „Begegnungen mit Engeln und Menschen. Mysterium des Tuns. Autobiographische Aufzeichnungen 1910—1936". Im gleichen Jahr „Leben im Diesseits und Jenseits. Ein uraltes vergessenes Menschenbild", eine anthropologische Studie aufgrund

alter Quellen mit dem Versuch, dem heutigen Menschen Möglichkeiten zum Aufbau eines sinnvollen Menschenbildes zu gestatten. Aus einer Vorlesung entstand

1974 ferner ein Buch mit dem Titel „Vom Sinn des Erkrankens. Gesundsein und Krankwerden". Es berührt ein Gebiet, das den modernen Menschen sehr oft mit Angst erfüllt, weil er eben dort keinen Sinn erkennen kann.

1976 erschien eine Vorlesung über „Natur, Natürlichkeit, Naturverständnis" sowie das Buch „Wie sie den Anfang träumten. Überlieferungen vom Ursprung des Menschen". Dieses Buch ist ein Versuch, des Menschen Wissen von seinem Ursprung anhand seiner eigenen mythologischen Überlieferungen näher zu kommen. Es werden Zusammenhänge zwischen Traum, Mythos und Prophetie untersucht.

Für den Herbst 1976 ist ein Werk „Die Freuden des Hiob" geplant, ein Versuch, depressive Tendenzen beim Menschen zu analysieren und anhand alter Menschheitssymbole Wege zur Bewältigung dieser Situation aufzuzeigen und die Möglichkeiten positiver Lebens- und Weltanschauungen zu untersuchen.

1968 Übersiedelung nach Israel.

1969—1970 Veröffentlichung der persönlichen, ganz besonderen Kriegserlebnisse in holländischer Sprache unter dem Titel „Kollaboration und Widerstand". Dieses große dreibändige Werk bedeutete für Holland ein Umdenken über das Verhalten einer zivilisierten, an Wohlstand gewöhnten Bevölkerung während eines grausamen politischen Terrors.

1973 wurde der Wohnsitz nach Zürich verlegt. In Zürich erfolgte die Gründung der „Schweizer Akademie für Grundlagenstudien", welche Vorlesungen im Sinne von Weinrebs Studien organisiert. Diese Vorlesungen finden lebhaftes und wachsendes Interesse.

Seit 1966 werden regelmäßig auch in anderen Ländern Vorträge und Symposien abgehalten, bei denen die Gedanken und Erkenntnisse Weinrebs im Zentrum stehen. Sie versuchen einer Antwort auf die Fragen hach dem Warum und Wozu dieses Lebens näher zu kommen. Von den Vorträgen und Symposien der letzten Jahre sind Tonband-Kassetten erhältlich.

WEITERE WERKE VON FRIEDRICH WEINREB

Der göttliche Bauplan der Welt. Der Sinn der Bibel nach der ältesten jüdischen Überlieferung. 4. Auflage, 396 Seiten, Leinen

Die Rolle Esther. Das Buch Esther nach der ältesten jüdischen Überlieferung. 314 Seiten, Leinen.

Die Symbolik der Bibelsprache. Einführung in die Struktur des Hebräischen, nach der Bearbeitung von Dr. Friedemann Horn. 4. Aufl., 130 Seiten, Leinen kaschiert

Das Buch Jonah. Der Sinn des Buches Jonah nach der ältesten Überlieferung, mit Steinzeichnungen von Uriel Birnbaum. 383 Seiten, Leinen

Hat der Mensch noch eine Zukunft? Eine letzte Chance. 99 Seiten, kartoniert

Die jüdischen Wurzeln des Matthäus-Evangeliums. 216 Seiten, kartoniert

Begegnungen mit Engeln und Menschen. Das Mysterium des Tuns. Autobiographische Aufzeichnungen 1910—1936. 386 Seiten, Leinen

Leben im Diesseits und Jenseits. Ein uraltes vergessenes Menschenbild. 290 Seiten, Leinen

Vom Sinn des Erkrankens. Gesundsein und Krankwerden. 95 Seiten, kartoniert

Zu Friedrich Weinrebs Autobiographie:

Begegnungen
mit Engeln und Menschen

MYSTERIUM DES TUNS

schrieben die „Basler Nachrichten":

»Dieses Buch, voller Gespräche und Selbstgespräche aus den Jahren 1910—1936, ist die Selbstdarstellung eines Mannes, der an sich und in der Begegnung mit anderen Menschen die Möglichkeit des Einklangs und der Aufhebung der Zwiespältigkeit erfuhr. Friedrich Weinreb besitzt nicht die Eloquenz Martin Bubers, aber in seiner Erfahrung geht er über Buber hinaus: Hier ist das Mysterium des Göttlichen noch nicht oder nicht mehr von der alltäglichen Realität abgetrennt, das Einfache nicht banal. Der Weg Friedrich Weinrebs ist ein Exempel für den Weg des Menschen, der Halacha der rabbinischen Überlieferung. Selten gerät eine Autobiographie so sehr zum Lebens-Lehrbuch wie diese. Selten ist eine so frei von Eitelkeit, von nachträglicher Korrektur der Geschicke.«